Hernando Valencia Villa

LOS DERECHOS HUMANOS

ACENTO
EDITORIAL

Primera edición: septiembre 1997
Segunda edición: abril 1998
Tercera edición: mayo 2001

Diseño de cubierta: Alfonso Ruano / César Escolar

© Acento Editorial, 1997
   Joaquín Turina, 39 - 28044 Madrid

Comercializa: CESMA, SA - Aguacate, 43 - 28044 Madrid

ISBN: 84-483-0257-5
Depósito legal: M-21464-2001
Preimpresión: Grafilia, SL
Impreso en España/*Printed in Spain*
Imprenta SM - Joaquín Turina, 39 - 28044 Madrid
Huertas Industrias Gráficas, SA
Camino Viejo de Getafe, 55 - Fuenlabrada (Madrid)

A la memoria de mi padre,
Martín Valencia Restrepo (1914-1995)

ÍNDICE

INTRODUCCIÓN

Una de las paradojas más desafiantes de nuestro tiempo es la contradicción observable entre el bienintencionado discurso sobre los derechos humanos que producen las instituciones internacionales y los Estados nacionales, y la desdichada realidad de las libertades ciudadanas que prevalece en muchos países. Nunca antes han coexistido tantas normas, instituciones y autoridades encargadas de proteger la dignidad humana a lo largo y ancho del planeta. Y sin embargo, nunca antes como durante el medio siglo que se extiende desde la proclamación de la Declaración Universal de los Derechos Humanos en 1948 hasta estas postrimerías del siglo y del milenio se han registrado tantas y tan atroces violaciones de las garantías fundamentales por parte de agentes estatales, guerrilleros o delincuentes organizados.

Este dramático contraste entre la teoría y la práctica, entre el derecho y la vida cotidiana, no puede superarse tan sólo mediante la gestión de los aparatos estatales y los organismos internacionales. Se requiere además la participación de las ciudadanías y de sus movimientos sociales y partidos políticos, tanto en los espacios nacionales como en el escenario mundial, a fin de realizar las promesas contenidas en las declaraciones y convenciones internacionales y regionales en materia de derechos humanos. Para ello, es menester que la problemática humanitaria deje de ser preocupación exclusiva de cancillerías y organizaciones no gubernamentales (ONG) y se convierta en reivindicación pública de la sociedad civil en su más amplia acepción.

Como contribución a la ilustración ciudadana en torno a esta estratégica cuestión, que incide como ninguna otra en la calidad de la vida de la gente de la calle, este breviario pretende mantener la distancia tanto respecto de las disertaciones eruditas de los juristas y filósofos como respecto de las intervenciones militantes de los grupos de presión y de interés, para adoptar más bien el punto de vista de la sociedad civil, que es el de la cultura democrática.

Entre lo abstracto de la filosofía del derecho y lo coyuntural de la acción partisana, hay que abrir un nuevo espacio, el de la razón práctica o prudencia, que se beneficia por igual de la teoría y de la experiencia e intenta formular ideas como herramientas. He aquí un pequeño manual de introducción al universo de los derechos humanos, que aspira no sólo a informar sobre la tradición ética, el sistema jurídico y la práctica política, sino también a formar, a ofrecer más y mejores razones para la civilización y la humanización de nuestras vidas y de nuestro mundo. La división temática responde a este enfoque prudencial: la primera parte resume la historia de la idea de dignidad humana, desde el estoicismo hasta las revoluciones liberales y socialistas; la segunda parte presenta una síntesis del derecho internacional de la persona humana en sus tres vertientes principales: el derecho de los derechos humanos, el derecho de los conflictos armados y el derecho de los refugiados; y la tercera parte recoge lo esencial de los sistemas internacionales de protección jun-

to a algunas reflexiones sobre las ONG y el estado de las libertades en el mundo. Se incluyen además la Declaración Universal de 1948, considerada como la constitución de la humanidad, y una bibliografía selecta.

Más que una rama del derecho público o de la filosofía moral, los derechos humanos constituyen hoy la más seria tentativa de someter el mundo de la política y en particular la conducta de los gobernantes a la crítica de la ética. El discurso humanitario emplea los conceptos éticos codificados en las constituciones nacionales y en las convenciones internacionales para enjuiciar la gestión estatal y en especial el ejercicio de la fuerza pública de cara a la población civil. Pero, contra la opinión mayoritaria de los filósofos del derecho, dicho escrutinio de la política por la moral no se sustenta en categorías trascendentales sino en una cultura democrática de carácter histórico y por tanto contingente, que alcanza su mayoría de edad con la Ilustración y que todavía es una asignatura pendiente en casi todos los países. En tal virtud, como sostiene el gran jurista italiano

Norberto Bobbio, «el problema de fondo relativo a los derechos humanos no es hoy tanto el de justificarlos como el de protegerlos», pues la cuestión de su fundamentación ya ha sido resuelta por la Declaración Universal de 1948 mediante la prueba del consenso (el *consensus humani generis*), que implica sustituir el criterio de objetividad (un valor absoluto como Dios o la naturaleza humana) por el criterio de intersubjetividad (un valor relativo como el acuerdo histórico de los Estados en la Organización de las Naciones Unidas) [1]. Sin desconocer entonces el debate académico en torno a la fundamentación de los derechos humanos, que tiene su propia validez regional, la tarea principal de nuestra época en este campo es la de proteger de manera eficaz las vidas y las libertades de todos los seres humanos sobre la faz de la Tierra. Porque «no es el Hombre sino los hombres quienes habitan este planeta: la pluralidad es la ley de la Tierra» [2].

---

[1] N. Bobbio, *El tiempo de los derechos*, Sistema, Madrid 1991, págs. 61 y 64.

[2] Citado por Paolo Flores D'Arcais, Hannah Arendt: *Existencia y libertad*, Tecnos, Madrid 1996, pág. 42.

1
LA IDEA DE DIGNIDAD HUMANA

Aunque el progreso no es una evidencia empírica sino una ideología optimista, como puede comprobar cualquiera que repase con los ojos abiertos la historia del siglo XX, parece haber una cierta evolución en la conciencia que el hombre tiene de su propia valía. Desde la Grecia clásica hasta nuestros días se advierte, en efecto, un proceso de crecimiento y maduración en la idea que nos hacemos acerca de lo que es un ser humano como realidad singular en la historia y en el universo. Más allá de las mitologías, las religiones y las filosofías con sus concepciones divergentes y a veces contradictorias acerca de lo humano y lo social, la noción según la cual hay algo en cada persona que no puede ser violado impunemente o no puede ser destruido del todo, y que al mismo tiempo constituye una suerte de parentesco común o lazo de familia, es como un hilo de Ariadna a través del tortuoso laberinto de la aventura humana. Se trata de la idea de dignidad humana, del andar erguido, en palabras del filósofo alemán Ernst Bloch [3], que está en el origen del concepto de derechos humanos y de la teoría de la democracia a la vez, por cuanto el respeto activo por el otro y la administración pluralista de la convivencia se sustentan entre sí y no pueden justificarse más que si se acepta que los humanos no somos animales de rebaño sino conciencias en libertad, que, a pesar del carácter profano de cada individuo, la persona es sagrada porque en ella palpita la humanidad. Conviene recordar entonces, de manera sinóptica, el despliegue de la idea de dignidad humana en tanto núcleo de los derechos humanos, desde la Antigüedad hasta la época presente. Las etapas principales de esta evolución intelectual son cinco: la ciudadanía universal del estoicismo, alrededor de los comienzos de la era cristiana; la es-

---

[3] E. Bloch, *Derecho natural y dignidad humana*, Aguilar, Madrid 1980, pág. X.

cuela del derecho natural en la Edad Media y el Renacimiento; la teoría del contrato social en el Barroco; el discurso de los derechos del hombre en el siglo XVIII; y la codificación de las libertades fundamentales en las constituciones nacionales y en los tratados internacionales de los siglos XIX y XX.

1.1 La ciudadanía universal

La celebrada democracia ateniense fue una admirable invención para quienes estaban legitimados para participar en sus instituciones y procedimientos: los varones griegos libres. Pero las mujeres, los esclavos y los metecos o extranjeros residentes tuvieron muy pocas razones para considerar que la polis era el fin de la historia. Y la reflexión política y moral de la época, tal como se recoge, por ejemplo, en los diálogos platónicos, refuerza la idea de que tan sólo un sector esclarecido de la población podía y debía intervenir con derecho en los asuntos públicos. A la concepción unívoca, aristocrática y dogmática de Platón, sin embargo, se enfrentaron muy pronto

los primeros profesionales liberales, los sofistas y retóricos, quienes defendían una concepción polivalente, democrática y relativista del hombre y de la sociedad: Licofrón consideraba que la aristocracia era un privilegio imaginario, Alcidamas sostenía que la diferencia entre libres y esclavos era desconocida en la naturaleza, e Hipias afirmaba que todos los hombres eran conciudadanos entre sí y que todas las diferencias sociales tenían un origen artificial en la ley [4]. Al subrayar el valor del sujeto libre, los sofistas prepararon el terreno para la afirmación de la dignidad como atributo esencial de la persona humana por parte de sus sucesores en la crítica política y moral.

Con la decadencia de las ciudades-Estados, el mundo griego experimentó un fenómeno de entropía, pues, si las instituciones desaparecieron, las ideas tendieron a esparcirse por todo el ámbito del Mediterráneo en lo que se ha llamado el helenismo. Paralelamente, Roma empezó a construir su formidable imperio, que abarcaba una verdadera multitud de

---

[4]   E. BLOCH, *op. cit.*, pág. 10.

pueblos, lenguas y religiones. En este contexto de crisis y de transición entre dos formas políticas (la polis griega y el imperio romano) y de combinación o enfrentamiento de culturas y valores, surgieron varias escuelas de pensamiento que jalonaron el proceso de consolidación de las nuevas realidades políticas. Entre ellas se destacaron el epicureísmo y sobre todo el estoicismo, sin olvidar al cristianismo primitivo, que constituyó también una importante experiencia cultural.

Para Epicuro y sus discípulos, el hombre está investido del derecho al placer sin restricciones, pues el Estado no es sagrado ni inmutable, sino terrenal y contingente, como que proviene de un acuerdo entre individuos libres e iguales con la finalidad básica de no dañarse recíprocamente. Esta temprana formulación de la tesis contractualista sobre el origen del Estado tendrá que esperar más de mil quinientos años para convertirse en una de las filosofías políticas más influyentes de la historia, pero la exaltación epicúrea del individuo encontró eco inmediato en las demás escuelas que intentaban pensar la crisis del mundo antiguo y ayudar a vivir y a morir a las gentes.

Filosofía de esclavos y de exiliados, forjada en los grandes puertos del Mediterráneo oriental donde la Hélade se disolvía en el tráfago de la migración y el mestizaje, el estoicismo abandona el ideal de felicidad del epicureísmo y toma partido por la serena fatalidad, por el pesimismo tranquilo y solidario de pensadores como el esclavo Epicteto o el emperador Marco Aurelio, para quienes el mundo es una comunidad de dioses y de hombres que tal vez carece de sentido último pero que nos impone el deber ineludible de reducir la crueldad e incrementar la amistad entre todos los miembros de la humanidad.

Como el individuo de la Hélade había perdido su calidad de ciudadano tras el colapso de la democracia clásica y tendía a convertirse en súbdito de las grandes monarquías en ascenso, la filosofía de la Stoa le atribuyó una nueva dignidad: la condición de ciudadano del mundo visto como una sola ciudad, la cosmópolis [5].

---

[5] C. LAFER, *La reconstrucción de los derechos humanos: un diá-*

Este reconocimiento entraña ya una cierta noción de derecho natural, es decir, de una ley universal no escrita según la cual los hombres son iguales por nacimiento y han de constituir una comunidad internacional, un reino racional del amor. Eurípides lo expresaba en una fórmula deslumbrante: «Así como el aire puede ser atravesado en todas sus partes por el águila, así también todo país es una patria para el hombre noble». Ni que decir tiene que la nobleza a que aquí alude el trágico griego no es una marca de nacimiento sino una actitud del espíritu, una opción ética en favor del cosmopolitismo. Y un estoico del siglo I antes de Cristo, Meleagro de Gadara, acuña esta definición, que constituye desde entonces el mejor mentís de todos los nacionalismos que han ensangrentado la historia: «La única patria, extranjero, es el mundo en que vivimos; un único caos produjo a todos los mortales» [6].

Hacia el año 150 antes de Cristo, Panaitos, uno de los más desta-

cados maestros del estoicismo medio, fue invitado a Roma por Escipión el Joven, con lo cual se inició la difusión del derecho natural estoico en una coyuntura excepcional: el momento en que la república entraba en decadencia y daba paso al imperio. Como consecuencia de ello, Cicerón introdujo el cosmopolitismo en la jurisprudencia romana e hizo de la universalidad la ideología jurídica del imperio naciente, al punto que Hegel pudo decir siglos después que el Estado romano era la prosa del mundo, esto es, el idioma racional en que estaba escrita toda realidad.

La resonancia de la Stoa y de su radical definición del hombre como dignidad llega hasta Montaigne, Rousseau y los jacobinos, y puede rastrearse con facilidad en las declaraciones de derechos, los discursos políticos y los escritos filosóficos del período de las revoluciones burguesas (1776-1848), a ambos lados del Atlántico. La segunda versión del imperativo categórico del pensador alemán Immanuel Kant

logo con el pensamiento de Hannah Arendt, Fondo de Cultura Económica, México 1994, pág. 137.

[6] J. KRISTEVA, Extranjeros para nosotros mismos, Plaza y Janés, Barcelona 1991, pág. 71.

dice: «Obra de tal manera que la humanidad en ti y en los demás no sea nunca un medio sino siempre el fin más elevado». Esta fórmula habrían podido suscribirla Epicteto, Marco Aurelio o Séneca y permite observar que sin el estoicismo no existiría el discurso de los derechos humanos tal como lo conocemos hoy.

Con el surgimiento del cristianismo como religión universal y en especial con la prédica paulina, el humanismo y el cosmopolitismo de los epicúreos y estoicos griegos y romanos se extienden aún más en el medio multiétnico y multicultural del helenismo tardío. Pablo de Tarso, el gran propagandista del mensaje evangélico, enseñaba que «ya no hay judíos ni griegos», pues la llamada redentora de Jesús no discrimina entre los seres humanos en tanto cada persona, abstracción hecha de su origen o de su condición, ha sido creada por Dios con idéntica capacidad para el pecado y para la gracia. Y Lactancio, el llamado Cicerón cristiano, establece hacia el año 300 de nuestra era el vínculo de unión entre el estoicismo y el derecho natural medieval al asimilar la ley no escrita en el corazón humano a la ley divina. Por la misma época, Agustín de Hipona afirma que «todo hombre tiene como prójimo a todos los hombres». Pero el cosmopolitismo cristiano, por cuanto se considera depositario de la verdadera religión o de la única revelación, lleva en su seno ese ostracismo que excluye las demás creencias y que desembocará en la Santa Inquisición y en las guerras de religión. Más aún, se ha señalado que, paradójicamente, con su extremada preocupación por la vida ultraterrena y la inmortalidad del alma individual, el mensaje cristiano excluye la hasta entonces dominante inquietud por la vida terrena y la inmortalidad de la polis [7]. En tal sentido, una de las mayores ironías de esta historia consiste en que la misma comunidad profética que asumió como propio el cosmopolitismo estoico y contribuyó a forjar la noción de dignidad eminente o inviolable como clave de la calidad del hombre se convertiría quince centurias más tarde en la burocracia dogmática que

---

[7] C. LAFER, *op. cit.*, pág. 137.

provocaría las guerras religiosas, cuya reivindicación de la libertad religiosa condujo directamente a las primeras declaraciones de derechos.

1.2 El derecho natural

Además de su papel central en la construcción del discurso de los derechos humanos, el derecho natural es tal vez la base de todo el pensamiento político occidental, desde Platón hasta Hannah Arendt, puesto que en torno a él surgen y operan las tres grandes formas de dominación política que jalonan nuestra tradición: la ciudad-Estado de la Antigüedad, la comunidad universal del Medioevo y el Estado nacional del Renacimiento hasta hoy. Marsilio de Padua decía que según Aristóteles el derecho natural no es más que esa parte del derecho positivo que se reconoce y observa en cualquier lugar[8], algo así como ese fondo común de las leyes humanas que parece ser eterno tan sólo porque dura largo tiempo y rige en muchos países. Como realidad material o como metáfora, esa normatividad esencial, profunda, que se confunde con la racionalidad propia de la especie humana, es una invención estoica que no sólo inspira las doctrinas contractualistas de los siglos XVII y XVIII, sino que alienta detrás de las más recientes formulaciones del derecho internacional de los derechos humanos, muy a pesar del talante positivista e historicista de nuestra época. Las primeras palabras de la Declaración Universal de 1948 tienen, en efecto, un fuerte sabor jusnaturalista: «Todos los hombres nacen libres e iguales en dignidad y derechos». Se advierte aquí la resonancia del cosmopolitismo clásico y del contractualismo moderno, especialmente de Locke y Rousseau, porque la libertad y la igualdad no son hechos sino ideales, no son realidades materiales sino valores éticos, no pertenecen al mundo del ser sino al mundo del deber ser[9]. Y el derecho natural es precisamente el conjunto de tales ideales o valores en la medida en

---

[8]   Leo STRAUSS, *Persecución y arte de escribir y otros ensayos de filosofía política*, Edicions Alfons el Magnànim, Valencia 1996, pág. 143.
[9]   N. BOBBIO, *op. cit.*, págs. 66 y 67, y C. LAFER, *op. cit.*, pág. 172.

que se coloca por encima de las leyes ordinarias y se convierte en el criterio de la justicia de estas normas y de todas las decisiones y actuaciones de los gobernantes.

Tras despuntar en el estoicismo y el cristianismo primitivo, la idea del derecho natural se convierte en una de las categorías principales de la escolástica, es decir, de la reflexión de los teólogos medievales que tratan de conciliar la filosofía griega clásica y en particular aristotélica con el mensaje evangélico. La obra máxima de esta escuela es la *Summa Teologica* de santo Tomás de Aquino, en la cual la ley natural se considera no sólo el modelo de la ley positiva sino además el trasunto de la ley divina recogida en la revelación bíblica. Así, la ordenación racional del mundo proviene por último de la mente de Dios a través de la naturaleza humana. El buen legislador no debe hacer otra cosa que leer en la moralidad natural de los individuos, tal como ha sido rescatada por el mensaje cristiano, para extraer de ella los preceptos mismos de la legislación positiva. De ahí que la verdadera religión se convierta en una cuestión de Estado y la Iglesia se transforme en una administración de lo políticamente correcto durante los siglos medievales.

Pero la noción de un orden normativo superior al de las leyes escritas, como corresponde a su origen estoico, no se reduce por entero a la versión religiosa de la escolástica sino que se encuentra también en el humanismo secular. Y pensadores decisivos de la modernidad como Maquiavelo y Descartes, que no fueron jusnaturalistas en ningún sentido relevante, contribuyeron sin embargo a establecer la versión laica del derecho natural, pues llevaron aún más lejos la tarea de la crítica de lo realmente existente de la cual se reclama también el jusnaturalismo en lo que tiene de más entrañable. Porque afirmar, así sea de manera hipotética o metafórica, que la normatividad no se agota en la legislación vigente, o que hay valores como la dignidad de la conciencia humana que están por encima del gobierno y de sus decisiones, significa someter el derecho positivo a una crítica moral radical de la cual va a surgir la cultura democrática moderna.

De la Edad Media al Renacimiento se produce una evolución en el concepto de derecho natural que presenta las siguientes características:

1.ª El derecho natural empieza a ser tratado de manera autónoma, con independencia de la teología y del derecho positivo, al punto que se establecen cátedras en los países protestantes, se publican tratados bajo la forma de códigos y se aplican los métodos empíricos o experimentales de las ciencias naturales al estudio de las grandes cuestiones éticas, jurídicas y políticas.

2.ª El derecho natural tiende a convertirse en derecho público en tanto que la doctrina de la soberanía de Hobbes, la doctrina de la representación para la tributación de Locke o la doctrina de la voluntad general de Rousseau dejan de ser políticas y se transforman en jurídicas.

3.ª El derecho natural está ubicado por definición en el llamado estado de naturaleza, previo al surgimiento del Estado mediante el contrato social.

4.ª El derecho natural se inclina a poner el acento en los derechos más que en los deberes del hombre.

5.ª El derecho natural deja de ser conservador, como en la filosofía escolástica, y se hace cada vez más revolucionario, como en el pensamiento liberal [10].

El carácter revolucionario del derecho natural se pone de manifiesto en las guerras de religión, los conflictos armados provocados por la Reforma protestante y la violenta represión con la cual intentaron sofocarla la Iglesia católica y las monarquías absolutas aliadas a ella en la Europa de los siglos XVI y XVII. Ante la intolerancia y la persecución desatadas por la religión oficial, las nuevas iglesias y sectas protestantes encontraron en el viejo discurso jusnaturalista un arsenal de recursos dialécticos para defender su derecho a existir y a practicar sus creencias sin restricciones. Los opositores de la ortodoxia católica y del absolutismo regio, los llamados monarcómacos, produjeron una vasta literatura panfletaria en la cual reivindicaban el derecho de resistencia a la opresión y la libertad de conciencia y religión

---

[10]. L. STRAUSS, *op. cit.*, págs. 143 y 144.

como derechos naturales de todos los individuos. Tales fueron los primeros derechos humanos específicamente proclamados y reclamados en la historia occidental. Y no resulta gratuito ni superfluo que su reivindicación correspondiese a minorías religiosas perseguidas que buscaban un lugar bajo el sol en los nacientes Estados nacionales europeos, al punto que tanto la guerra civil inglesa de 1640 a 1660, sobre la cual Hobbes escribió su *Behemoth o el parlamento largo* (1668), como la fundación de las primeras colonias inglesas y holandesas en América del Norte, tan sólo se explican en este contexto. En palabras de Norberto Bobbio:

> La afirmación de los derechos humanos deriva de un cambio radical de perspectiva, característico de la formación del Estado moderno, en la representación de la relación política, es decir, en la relación Estado-ciudadano o soberano-súbdito: relación que es observada cada vez más desde el punto de vista de los derechos de los ciudadanos y no de los súbditos, antes que desde el punto de vista de los poderes del soberano,

en correspondencia con la visión individualista de la sociedad según la cual para comprender la sociedad hay que partir de la base, es decir, de los individuos que la componen, en oposición a la tradicional concepción orgánica según la cual la sociedad como todo está antes que los individuos. El cambio de perspectiva, que se convierte desde entonces en irreversible, es provocado principalmente por las guerras de religión que se producen al inicio de la Edad Moderna, a través de las cuales se afirma el derecho de resistencia a la opresión, que presupone un derecho todavía más sustancial y originario, el derecho del individuo aislado a no ser oprimido, es decir, a gozar de ciertas libertades fundamentales: fundamentales porque son naturales, y naturales porque pertenecen al hombre en cuanto tal y no dependen del beneplácito del soberano, siendo la principal la libertad religiosa [11].

Los grandes juristas y filósofos políticos del Renacimiento, como Vitoria, Gentili, Althusio, Grocio, Pufendorf, Thomasius y Hobbes, se nutren todos de la escuela del derecho natural y contribuyen al giro copernicano que conduce progresivamente a la

---

[11] N. BOBBIO, *op. cit.*, págs. 16 y 17.

aparición del Estado nacional, de los derechos humanos y de la democracia. Pues la crítica del antiguo régimen y el diseño del nuevo orden no son factibles más que a partir de la distinción estratégica entre dos sistemas normativos, el derecho positivo y el derecho natural, de tal manera que el primero sólo resulta legítimo si acata los lineamientos del segundo. Y cuando las leyes escritas del Estado entran en contradicción con las leyes no escritas de la humanidad, la obediencia cede su lugar a la resistencia e incluso a la rebelión, que puede llegar hasta el tiranicidio si la eliminación física del gobernante es el único medio para establecer o restablecer el imperio del derecho natural, según se considere que el reino de la justicia se encuentra al comienzo o al final de la historia humana. He aquí el punto de partida de la concepción revolucionaria que explica las experiencias de fundación nacional y de reforma radical cumplidas en América del Norte y en Francia a partir de 1776 y 1789, respectivamente, y sin las cuales no podríamos hablar hoy de libertades fundamentales.

1.3 El contrato social

En otra vuelta de tuerca de este mismo proceso, la antigua idea epicúrea acerca del origen consensual o pactado del Estado reaparece en medio de las guerras de religión como argumento adicional de los sectores insurgentes en su lucha contra las monarquías católicas. Según Bobbio, como hemos visto, la sustitución de una visión organicista y autoritaria del orden político por una visión individualista y libertaria se apoya por fuerza en la teoría del contrato social, pues se trata de la única explicación racional de la nueva sociedad, basada en los derechos y no en los privilegios, en los negocios y no en las jerarquías, en la libertad y no en el destino. En esta perspectiva, el Estado y el derecho no son prolongaciones naturales de una sociedad orgánica sino construcciones artificiales de los individuos libres que acuerdan entre sí la mejor manera de estructurar y administrar su ineludible convivencia, su insociable sociabilidad. El contrato social aparece entonces como la piedra de toque en el tránsito del estado de naturaleza, donde los individuos se devoran unos a otros según Hobbes o gozan de libertades idílicas según Locke y Rousseau, al estado de sociedad, donde el Estado es el delegado o diputado de la sociedad para la conservación de las vidas y los derechos de todos. En otras palabras, parecen decir los contractualistas, la única garantía de que la sociedad regenerada o renovada tenga fundamento en la razón común y por tanto en el derecho natural es que su origen también sea racional, es decir, jurídico. Hay que imaginar el orden social como si se hubiera originado en el consenso general, como si en el principio todos hubiesen celebrado un contrato para poner fin a la guerra civil o para delegar sus libertades en una administración pública. En ambas hipótesis, el Estado es una invención, una criatura cuya misión no puede ser otra que la gestión de los derechos de los ciudadanos, anteriores y superiores a los derechos de los gobernantes. Tanto en el contractualismo vertical de Hobbes como en el contractualismo horizontal de Locke, el único modo de asegurar las vi-

das y libertades de los asociados es salir del estado de naturaleza mediante la creación contractual del régimen político. Recientemente, el mayor exponente de la tradición contractualista en el pensamiento político contemporáneo, el filósofo norteamericano John Rawls, ha recordado cómo para Kant la primera obligación política del hombre es abandonar el estado de naturaleza y someterse al imperio de un derecho razonable y justo.

Resulta tan estrecha la relación entre la defensa del derecho de resistencia a la opresión y la adhesión a la teoría del contrato social que se ha llegado a afirmar que esta última adquiere por vez primera contornos rigurosos a propósito de la Noche de San Bartolomé, la infame masacre del 24 de agosto de 1572 en París, que señaló el comienzo de las guerras de religión en Francia y que permanece en la memoria humana como uno de los símbolos supremos de la barbarie en nombre de Dios [12]. Para los hugonotes o protestantes confederados en la oposición, en efecto, existía un doble pacto que daba sustento a

---

[12] E. BLOCH, *op. cit.*, págs. 47 y 67.

cualquier régimen digno de acatamiento y obediencia: un primer pacto entre Dios, fuente de toda autoridad, y el pueblo, titular de la soberanía estatal, y un segundo pacto entre los gobernantes y el pueblo. El gobierno tenía legitimidad para legislar en la medida en que respetase los derechos del pueblo y de manera especial sus libertades religiosas, pues de ellas dependía la posibilidad misma de cumplir los preceptos evangélicos, que no eclesiásticos, en todo lo concerniente a la mejor disposición de los asuntos públicos. Sin el primer contrato, no había Estado; sin el segundo, no podía prestarse obediencia a la autoridad temporal y se hacía no sólo lícita sino también imperativa la resistencia activa contra la impiedad y la opresión.

Como consecuencia de este tipo de discurso, que alcanzó también notable desarrollo en la llamada escuela española del derecho de gentes o escuela de Salamanca, las libertades que se reivindican ante las monarquías tienden a ser negativas o de abstención por parte del Estado, y las constituciones que se reclaman de los gobiernos se ven como cartas o tratados para salir de la guerra civil y asegurar a la vez los fueros de los ciudadanos. De ahí que los historiadores hablen de derechos negativos o libertades de resistencia para referirse a esta primera generación de garantías que empieza a dibujarse en el horizonte intelectual europeo y que encuentra una primera y precaria formulación positiva en la Declaración de Derechos de los ingleses en 1689. Y si lo que se espera de las autoridades es tolerancia bajo la forma de contención o autocontrol, la finalidad del pacto constitucional no puede ser otra que trazar las fronteras del poder estatal y otorgar reconocimiento pleno al espacio propio de la sociedad civil.

Con su poderosa exaltación de la razón individual, capaz de leer e interpretar por sí misma el mensaje evangélico y cualquier otro texto portador de sentido o verdad, la Reforma protestante contribuye a secularizar el derecho natural, a difundir la doctrina contractualista y a consolidar la visión individualista y racionalista de la historia y de la sociedad. Este complejo proceso de cambios culturales y políticos guarda estrecha relación con las grandes transformaciones sociales y económicas de la sociedad europea y occidental a lo largo de los siglos XVI y XVII, y culmina con la Ilustración en el siglo XVIII. Definida por Kant como la mayoría de edad del hombre y expresada según él en la máxima latina *sapere aude* (atrévete a servirte de tu propia razón), la gran propuesta de la modernidad está en la raíz de las revoluciones burguesas y de las guerras de independencia del período 1770-1850, del constitucionalismo democrático y de los derechos humanos. El escritor Antonio Muñoz Molina la ha descrito así:

La Ilustración es el tiempo en que por primera vez se definen los principios que han hecho algo más habitable el mundo, la época de la irreverencia intelectual frente a los poderes fósiles de la Iglesia, la monarquía y el feudalismo, cuando se empieza a afirmar que nada de lo establecido lo es por naturaleza, que las circunstancias y las ideas son construidas por la acción humana y pueden ser modificadas por ella. De este impulso procede lo mejor que tenemos ahora: las ideas de libertad, igualdad y fraternidad que fueron enunciadas por la Revolución francesa y que constituyen todavía el mejor programa político. Ilustración significa también una cierta actitud ante la vida y las cosas: la voluntad no de ser, sino de hacerse; la conciencia de que todo, hasta lo que parece más simple y trivial, es el resultado del aprendizaje y del empeño; de que el saber es la mejor defensa de la libertad, y de que no hay ni debe haber fronteras entre los seres humanos. Está de moda decir que los principios de la Ilustración han sido superados: cuando uno ve que a la gente todavía la siguen matando en nombre de religiones o de razas, y que en una gran parte del mundo los niños siguen trabajando como esclavos y las mujeres permanecen encerradas tras velos y prohibiciones, se ve claro que no hay mucha más esperanza que la Ilustración [13].

El proyecto ilustrado se prepara desde finales del siglo XVII y comienzos del siglo XVIII en las *Cartas sobre la tolerancia* (1689), de Locke, y los alegatos de Thomasius contra el concepto de herejía (1697) y la práctica de la tortura (1705), y alcanza su plenitud en tres obras apa-

---

[13] A. Muñoz Molina, *El País Semanal.*

recidas cincuenta años después en forma sucesiva: *El contrato social*, de Rousseau, en 1762, *Tratado de la tolerancia*, de Voltaire, en 1763, y *De los delitos y las penas*, de Beccaria, en 1764. Mucho menos conocido por el gran público que los anteriores, este último libro constituye una reformulación radical de la reflexión sobre el crimen y la justicia penal. El aristócrata italiano es el primer autor moderno que toma partido por la abolición de la pena de muerte, que hasta entonces no era cuestionada por ningún sector relevante, ni siquiera por esa religión de la compasión universal que se enorgullece de haber sido fundada por un condenado a muerte. Más aún, Beccaria propugna una humanización de los castigos legales, en consonancia con el ideario filantrópico, optimista y a la vez utilitario de la Ilustración, e insiste en que la eficacia disuasiva o intimidatoria de la pena no depende de su severidad sino de su certeza. Celebrado por Voltaire, *De los delitos y las penas* inspiró la primera abolición legal del castigo capital por el gran ducado de Toscana en 1768 y se convirtió en un clásico del pensamiento criminológico de orientación liberal hasta nuestros días.

En este clima de fe militante en los poderes de la razón humana para transformar el mundo, como pediría Marx, y para cambiar la vida, como demandaría Rimbaud, Occidente conoce uno de los momentos supremos de su historia: el último tercio del Siglo de las Luces, cuando están vivos hombres de la talla de Mozart y Kant, Casanova y Goya, Robespierre y Washington, y se desencadenan, a uno y otro lado del Atlántico, dos procesos políticos de gran calado que van a modificar de manera profunda y duradera las formas de gobierno entre los pueblos, y que fijan los términos en los cuales se escriben desde entonces las libertades fundamentales de los miembros de la familia humana. Se trata de la guerra de independencia de los Estados Unidos de América y la Revolución francesa.

1.4 Las declaraciones de derechos

Aunque se considera que los documentos fundacionales de los derechos humanos son los que se proclaman en las décadas finales del siglo XVIII, conviene no olvidar algunos precedentes y antecedentes ilustres en la tradición que se intenta reconstruir aquí. Casi todos pertenecen a la historia anglosajona. En la experiencia inglesa hay que recordar la Carta Magna de 1215, otorgada por el rey Juan sin Tierra ante la presión de los barones feudales y en la cual se incluye la primera versión de algunas garantías procesales muy apreciadas, como el *habeas corpus* y el juicio por jurados, y la *Petition of rights* de 1628, el *Habeas corpus act* de 1679 y la *Declaration of rights* de 1689, que traducen el proceso de surgimiento y consolidación del régimen parlamentario británico en el terreno de las libertades ciudadanas. Paralelamente, en la experiencia norteamericana cabe mencionar la fundación de la colonia de Rhode Island por Roger Williams en 1636 como «asilo de todos los perseguidos por sus creencias», las constituciones y cartas de las otras doce colonias que se establecen a lo largo de los siguientes ciento cincuenta años y que incluyen parecidas reivindicaciones de libertad

religiosa y soberanía popular, y la Declaración de Derechos de Virginia en 1776, que según el jurista alemán Georg Jellinek, en una polémica tesis publicada en 1896, influyó tanto o más que la propia Declaración de Independencia en la proclama revolucionaria francesa de 1789.

Una declaración es la revelación de lo que ya existe, de lo que está ahí, en la conciencia individual o en la historia colectiva, como un valor intrínseco cuya sola exposición enriquece la vida o asegura el progreso. Del mismo modo que el amante declara su amor, el testigo su verdad o el revolucionario su utopía, el pueblo expone a la luz pública y fija para siempre los derechos de que está investido por naturaleza a fin de que sean conocidos y puestos en práctica por tirios y troyanos. En este sentido, la promulgación solemne de los derechos de un pueblo o de la humanidad entera no es un simple gesto retórico, sin consecuencias materiales, como sostiene con frecuencia un cierto cinismo disfrazado de realismo. Por el contrario, toda codificación de libertades es en sí misma un avance cualitativo por cuanto pone en evidencia las dos funciones del derecho: la instrumental y la simbólica. Pues en su relación sagital con la realidad social [14], el derecho se propone no sólo inducir una conducta mediante la aplicación de una regla coactiva, sino además enjuiciar lo existente a partir de un valor ético, lo cual se logra casi siempre al conferir a la situación un carácter ritual o simbólico. Así, expedir una declaración de derechos implica cumplir dos propósitos a la vez: facilitar la expresión y actuación autónomas de los individuos y de la sociedad civil frente al Estado e incluso contra el Estado, que es la finalidad instrumental o pragmática de cualquier regulación sobre derechos subjetivos o grupales; y establecer una utopía normativa que no sólo opere como polo de atracción de las relaciones sociales, sino que también dramatice la distancia entre la realidad y la norma, entre la vida cotidiana y el horizonte valorativo, y tal es la finalidad simbólica o ritual de este tipo de legislación.

El carácter monumen-tal y no sólo documental de las declaraciones dieciochescas corresponde a su denso contenido valorativo. Se trataba de fijar en ellas, como en una obra de arte para la posteridad, los más altos principios y las más elevadas metas, de suerte que sirvieran de modelo obligado para las constituciones y leyes posteriores, y de inspiración permanente para gobernantes y gobernados. Por esta razón, en la Declaración de Independencia de los Estados Unidos, suscrita el 4 de julio de 1776, se incluye la búsqueda de la felicidad como valor supremo de la nueva república, al lado de la vida y de la libertad, con lo cual, como diría Saint Just en el apogeo de la dictadura jacobina, corazón negro de la Revolución francesa, se introducía una idea inédita en el mundo. Y la Declaración Universal de Derechos del Hombre y del Ciudadano, adoptada el 26 de agosto de 1789, gira en torno a las grandes metas de la libertad, la igualdad y la fraternidad, que aún hoy, más de doscientos años después, constituyen el más ambicioso de

---

[14] Como la flecha, que está destinada a su blanco pero que lo hiere o destruye cuando lo alcanza. Véase M. FOUCAULT, *La crisis de la razón,* Universidad de Murcia, Murcia 1986, pág. 16.

todos los proyectos políticos. Conviene glosar de manera breve este instrumento, el más conocido de todos los textos constitucionales revolucionarios, que fue traducido y publicado por primera vez en castellano por el liberal colombiano Antonio Nariño en Santa Fe de Bogotá, en diciembre de 1793.

El proceso revolucionario francés, el primero y el más célebre de cuantos haya experimentado la historia, se extiende aproximadamente de mayo de 1789 a noviembre de 1799 y comprende tres etapas principales: la caída del antiguo régimen o período de la revolución burguesa, que se cumple entre la instalación de los estados generales en Versalles el 5 de mayo de 1789 y el asalto a las Tullerías y la abolición de la monarquía el 10 de agosto de 1792; la primera república o período de la dictadura jacobina, que va desde la proclamación de la república el 21 de septiembre de 1792 hasta la caída del gobierno del Comité de Salud Pública el 9 Termidor del año II (27 de julio de 1794); y la reacción burguesa o período del Directorio, que abarca el lapso desde Termidor hasta el

golpe de Estado de Napoleón el 18 Brumario del año VIII (9 de noviembre de 1799). Durante la primera etapa, de índole agitacional, el llamado Tercer Estado, que agrupa a las clases medias y bajas, se declara Asamblea Nacional Constituyente, decreta la abolición de todos los privilegios y abre el debate sobre si debe expedirse primero una declaración de derechos o una constitución. Por decisión mayoritaria, la Asamblea opta por el primer extremo en lo que uno de los delegados considera el acto de constitución del pueblo francés como nuevo soberano del régimen republicano en ciernes.

La Declaración consta de un preámbulo y diecisiete artículos, y recoge cuatro derechos «naturales e imprescriptibles», además de otras cinco garantías fundamentales y de cuatro principios básicos de organización constitucional. El preámbulo, en una fórmula célebre que no ha sido superada, sostiene que «la ignorancia, el olvido o el desprecio de los derechos del hombre son las únicas causas de los males públicos y de la corrupción de los gobiernos» y agrega que tales derechos son «naturales, inalienables y sagrados», en un explícito reconocimiento de la estirpe jusnaturalista de sus autores. Los derechos naturales e imprescriptibles, cuya conservación es la finalidad de toda asociación política, son la libertad, la propiedad, la seguridad y la resistencia a la opresión (art. 2). Las garantías fundamentales son la igualdad (art. 1), la participación en la formación de la ley (art. 6), el derecho al debido proceso judicial (arts. 7, 8 y 9), la libertad religiosa (art. 10), la libertad de expresión (art. 11) y la participación en las contribuciones públicas (art. 14). Y los principios básicos de organización constitucional conciernen a la soberanía nacional (art. 3), la fuerza pública (art. 12), las contribuciones públicas (art. 13) y la consagración normativa de los propios derechos humanos y de la separación de poderes (art. 16). En este último caso, la fórmula empleada por la Declaración de 1789 también se ha convertido en la definición canónica de los dos grandes componentes de toda constitución digna de su nombre, *bill of rights* o parte dogmática y *rule of law* o parte orgánica: «Toda sociedad en la cual la garantía de estos derechos no está asegurada ni determinada la separación de poderes, no tiene constitución». Hay que señalar que la Declaración se incorpora como preámbulo a la constitución de 1791, primera ley fundamental de la Revolución, que conserva la monarquía y que en general resulta mucho más moderada que el texto de 1789. Pero ambas terminan formando un solo instrumento, a pesar de sus diferencias de origen, de estilo y de contenido, como ocurre con la constitución norteamericana de 1787, que no incluye declaración de derechos pero que es adicionada en 1791 con las diez primeras enmiendas, las cuales se consideran desde entonces como el *bill of rights* de los estadounidenses. Y en lo sucesivo, toda constitución que se pretenda democrática incluye un estatuto de libertades y un sistema de organización estatal que se integran en un conjunto normativo inescindible.

Las diez primeras enmiendas de la constitución norteamericana de 1787, adoptadas en 1791, comportan algunas novedades notables. Son ellas: libertad religiosa y separación entre

Iglesia y Estado (art. 1), libertad de expresión y derecho de reunión (art. 1), derecho a portar armas (art. 2), garantías procesales (arts. 4, 5, 6 y 7) y proscripción de castigos crueles e inusuales (art. 8). Importa subrayar que, con ocasión de esta primera experiencia de actualización de la carta de Filadelfia, se presentó un debate en apariencia formal pero en realidad sustancial, que un historiador norteamericano ha resumido así:

> James Madison presentó el 8 de junio de 1789 una serie de proyectos de enmienda constitucional a la Cámara de Representantes. Aspiraba a que se incorporasen en los lugares apropiados del texto de la constitución norteamericana, pero Roger Sherman persuadió al Congreso de que los agregara al final del documento, de suerte que cada enmienda triunfara o fracasara por sus propios méritos cuando fuese sometida a la ratificación de las legislaturas estatales [15].

Surge así la distinción, que puede llegar a ser crucial, entre reformas «shermanianas» y reformas «madisonianas», según si los cambios normativos se adicionan al final del texto o se insertan en él. En el primer caso, típico de la tradición estadounidense, el instrumento original permanece incólume y se convierte en virginal, con lo cual aumenta su legitimidad inicial. En el segundo caso, característico de la tradición latinoamericana, el documento original se modifica con las inserciones sucesivas, de manera que su legitimidad inicial tiende a reducirse. De ahí el prestigio mítico de la constitución de los Estados Unidos como el más antiguo y duradero de los códigos políticos, pues se supone que la voluntad de los padres fundadores no ha cambiado en más de doscientos años, pese a las veinticinco adiciones de que ha sido objeto el articulado adoptado en Filadelfia en 1787. Por contraste, el valor simbólico de muchas constituciones latinoamericanas y de otras regiones del mundo resulta más bien precario en la medida en que la codificación original desaparece como tal y se convierte en una obra de bricolaje o en una mezcla a veces irreconocible de influencias

---

[15] Edward CONRAD SMITH, *The constitution of the United States*, Barnes and Noble, Nueva York 1979, pág. 16.

ideológicas y políticas, con el consiguiente déficit de legitimidad para los regímenes encuadrados por dichas cartas.

La última de las declaraciones de derechos del período de las revoluciones burguesas que merece reseñarse es la segunda Declaración francesa, que se produce en el momento de mayor radicalismo doctrinario del proceso, en pleno auge de la república jacobina. Como consecuencia directa de la ejecución de Luis XVI y de la llegada de los montañeses o republicanos de izquierda al poder, el 24 de junio de 1793 se promulga la constitución del año I, la primera carta republicana de Europa y quizá la obra más radical del constitucionalismo liberal en cualquier época, que está precedida de un nuevo catálogo de libertades. Se trata de una versión corregida y aumentada de la Declaración de 1789, que esta vez consta de un preámbulo y treinta y cinco artículos, es decir, el doble de la edición anterior. Entre las innovaciones se destacan: la institución de la felicidad como la meta de la sociedad (art. 1); la sustitución de la resistencia a la opresión por la igualdad como uno de los cuatro derechos naturales e imprescriptibles, al lado de la libertad, la seguridad y la propiedad (art. 2); la abolición de la esclavitud (art. 18); el reconocimiento de la beneficencia y la instrucción públicas como obligaciones sociales (arts. 21 y 22); la adopción de la soberanía popular en lugar de la soberanía nacional (art. 25); la garantía de reformabilidad de la propia constitución (art. 28) y la sanción de la rebelión como reacción legítima del pueblo contra la tiranía (art. 35). Estas últimas dos figuras resultan notables. Según el artículo 28, «un pueblo tiene siempre el derecho de revisar, reformar y cambiar su Constitución. Una generación no puede sujetar a las generaciones futuras a sus leyes». He aquí la primera formulación conocida de los llamados derechos humanos de cuarta generación o de las generaciones venideras, de los que apenas empieza a hablarse hoy, doscientos años después, y casi siempre en un contexto ambientalista o ecologista. Por su parte, el artículo 35, en una desafiante exhibición de mesianismo, acuña esta paradójica definición: «Cuando el gobierno viola los derechos del pueblo, la insurrección es para el pueblo y para cada parte de él el más sagrado de los derechos y el más imprescindible de los deberes». La paradoja consiste en que un régimen revolucionario, que se ve a sí mismo como vocero y representante del género humano, reconozca la legitimidad de la rebelión como una posibilidad permanente del pueblo, con lo cual pone su propia legitimidad bajo una espada de Damocles que, como enseña la historia, terminará destruyéndolo.

1.5 Las libertades públicas

Los derechos humanos nacen como derechos naturales universales, se desarrollan como derechos positivos particulares y alcanzan hoy una cierta plenitud como derechos positivos universales [16]. Como hemos visto, en efecto, en su formulación inaugural, las libertades fundamentales se predican de la humanidad en su conjunto, en la medida en que se deducen de la naturaleza humana, y se codifican en declaraciones universales o proclamas revolucionarias. Lo moral cede el paso a lo político y lo universal desciende a lo nacional durante la segunda etapa de esta evolución, que coincide en líneas generales con el siglo XIX, un siglo largo que va desde la restauración napoleónica en 1804 hasta el fin de la Primera Guerra Mundial en 1918. A lo largo de este período, cuyo acontecimiento central es el proceso de formación de los Estados nacionales en Europa occidental y en América Latina, se dictan o se pactan numerosas constituciones políticas que suelen incluir en lugar destacado un título o capítulo especial sobre derechos fundamentales, de conformidad con el precedente canónico sentado por la Revolución francesa. Y en la tercera etapa, tras la Segunda Guerra Mundial y con el surgimiento de la Organización de las Naciones Unidas, los derechos humanos continúan siendo recogidos en instrumentos jurídicos de carácter positivo, pero ya no se trata sólo de constituciones y leyes nacionales sino también y sobre todo de declaraciones y convenciones internacionales. Se cierra así el ciclo abierto por la Ilustración y las

---

[16] N. Bobbio, *op. cit.*, pág. 68.

revoluciones del siglo XVIII: la suerte de la convivencia humana depende de la correcta organización política de la sociedad, y dicha disposición descansa a su vez en el reconocimiento solemne y efectivo, ético y jurídico a la vez, de la dignidad radical y de las libertades fundamentales de todos los miembros de la familia humana. El sueño de Anacharsis Cloots, Thomas Paine e Immanuel Kant se ha hecho realidad en los tratados y protocolos que reúnen hoy lo que podríamos llamar derecho internacional de la persona humana o de la humanidad, en tanto legislación universal de garantías inherentes a la condición humana, en el sentido más general del término. Pero la ausencia de discriminaciones formales no asegura por sí sola la aplicación ecuménica de tales normas, y los males que plagan nuestras vidas y que alcanzan hoy dimensiones planetarias, como la miseria, la intolerancia o la superstición, hacen aún más ponderosa la tarea de garantizar los derechos de los humanos. Antes, empero, de dar un vistazo al sistema normativo internacional y a sus mecanismos de protección, con-

viene detenerse un momento en los fenómenos de constitucionalización e internacionalización de las libertades básicas.

La evolución de los derechos naturales universales a los derechos positivos particulares y de éstos a los derechos positivos universales entraña, entre otras cosas, un debate terminológico que está lejos de concluir. Los ilustrados, enciclopedistas y revolucionarios del Siglo de las Luces hablan de derechos del hombre y del ciudadano, en singular, como si tales abstracciones existiesen en el mundo real. Los liberales y republicanos del siglo XIX emplean más bien la categoría de libertades constitucionales o libertades públicas, puesto que es la voluntad del constituyente lo que confiere entidad normativa a los derechos y tan sólo en el ámbito jurisdiccional del Estado nacional respectivo. Más aún, de acuerdo con la célebre distinción del liberal suizo Benjamin Constant entre la libertad de los antiguos y la libertad de los modernos, que se pone en boga hacia 1820, la autonomía individual tiene como necesaria contrapartida la abstención estatal: los antiguos eran libres en tanto participaban en la vida pública, al paso que los modernos lo son sólo si tienen una vida privada al margen del Estado. En la actualidad, en lugar de derechos del hombre o libertades públicas, parece haberse impuesto ya la expresión «derechos humanos», que carga el acento en la pluralidad tanto de los derechos como de los humanos porque se entiende que la libertad es multiforme, que la diversidad es la característica distintiva y quizá constitutiva de la humanidad, y que la legitimidad misma de las libertades depende de su universalidad. Así lo ha subrayado con energía la Declaración de la Conferencia Mundial de las Naciones Unidas sobre los Derechos Humanos, realizada en Viena en junio de 1993: «Todos los derechos humanos son universales, indivisibles e interdependientes, y están relacionados entre sí» [17].

Si bien los expertos distinguen entre libertades públicas y derechos humanos según se trate de garantías internas o particulares de naturaleza constitucional o de garantías externas o universales de naturaleza internacional, en el lenguaje coloquial las dos expresiones tienden a ser sinónimas y la segunda parece absorber a la primera del mismo modo que el género incluye a la especie. En cualquier caso, cuando los Estados nacionales pasan de monárquicos a republicanos gracias a la insurgencia de las burguesías y del constitucionalismo de contenido democrático, en el caso europeo, o cuando tales regímenes se fundan directamente como repúblicas constitucionales, como sucede en América, las normas fundamentales reproducen las declaraciones de derechos de origen revolucionario y sustentan la unidad de los nuevos sistemas políticos en el equilibrio dinámico entre garantías ciudadanas y separación de poderes. En este sentido, la constitución se concibe como la codificación del consenso o, mejor aún, como la cristalización del contrato social toda vez que sus cláusulas contienen las bases del acuerdo sobre lo fundamental y permiten, en consecuencia, salir del estado de na-

---

[17] Juan Antonio CARRILLO SALCEDO, *Soberanía de los Estados y derechos humanos en derecho internacional contemporáneo*, Tecnos, Madrid 1995, pág. 17.

turaleza, atravesar el umbral de la civilidad y entrar en el estado de sociedad. Ello a su vez explica que la constitución sea considerada como un tratado de paz entre gobernantes y gobernados, por medio del cual se pone fin a la guerra civil y se funda el orden político a través del imperio del derecho. Tanto en la metáfora del contrato como en la metáfora del armisticio salta a la vista que la constitución no es sólo un instrumento sino también un símbolo, no es sólo un documento sino también un monumento, y que su cometido esencial no es únicamente establecer el Estado sino además configurar la ciudadanía, no es únicamente fundar el orden sino además constituir las libertades. Por esta razón, no puede haber constitución ni constitucionalismo sin derechos humanos. Porque, en democracia, la declaración de derechos es la constitución de la constitución, de la misma manera que, como recordaba Simone Weil poco antes de su muerte al citar un antiguo texto sagrado de la India, «la justicia es la soberanía de la soberanía; por ello no hay nada por encima de la justicia»[18].

Así, mientras en el orden de la política el Estado nacional es la medida de todas las cosas, como ocurre desde la Revolución francesa hasta la Segunda Guerra Mundial, los antiguos derechos naturales se convierten en libertades constitucionales y se circunscriben casi por entero a los espacios donde ejerce su soberanía aquel tipo de régimen. Mas cuando cobra vida, al menos parcialmente, el viejo proyecto de la comunidad de naciones que abrigaran Epicteto, Vitoria, Rousseau y Kant, y se establecen las primeras instituciones intergubernamentales en sentido estricto, lo cual acaece en el período de entreguerras y sobre todo al concluir la Segunda Guerra Mundial, las libertades constitucionales vuelven a ser derechos naturales universales y se empiezan a codificar en tratados multilaterales que rigen más allá de las fronteras nacionales, en un ámbito externo común que es el escenario propio de la humanidad sin adjetivos, de la familia humana sin apellidos. La hegemonía de lo estatal-nacional, durante los ciento cincuenta años que van desde

[18] S. WEIL, *Echar raíces*, Trotta, Madrid 1996, pág. 219.

1789 hasta 1945, no fue absoluta, pues el sueño cosmopolita o cosmopolítico ha tenido ilustres expresiones en la propia Revolución francesa y en sus secuelas, como *Sobre la paz perpetua*, de Kant, en 1795, en el internacionalismo asociado al socialismo europeo y en los orígenes del moderno derecho humanitario, hacia mediados del siglo XIX. Sin embargo, hay que esperar a los convenios de La Haya de 1899 y 1907 sobre derecho de la guerra, a la fallida Sociedad de las Naciones en 1919, al Pacto Briand-Kellog sobre proscripción de la guerra en 1928 y sobre todo a la Carta de las Naciones Unidas de 1946 y a la Declaración Universal de Derechos Humanos de 1948 para encontrarnos en la tercera y por ahora última fase de la evolución política y jurídica del discurso de los derechos humanos. A propósito de la trascendencia de estos cambios, Bobbio se pregunta:

> Así como las declaraciones nacionales [de derechos] fueron el presupuesto necesario para el nacimiento de las democracias modernas, ¿la Declaración Universal de Derechos Humanos no es por fuerza el presupuesto de la democratización del sistema internacional, del cual dependen el final del sistema tradicional del equilibrio, en el cual la paz es siempre una tregua entre dos guerras, y el comienzo de una era de paz estable que no tenga nunca más la guerra como alternativa? [19].

A lo largo de esta tradición subyace la idea de que, más allá de las apariencias físicas, las circunstancias socioeconómicas o las opciones culturales, hay una calidad de lo humano que es aspiración a lo mejor y a lo duradero en medio de lo peor y de lo contingente. Dicha calidad humana se llama dignidad y entraña la defensa de la igualdad en el corazón de la diversidad, la reivindicación de la libertad frente a la muerte y la búsqueda de la justicia a pesar del caos. Pero, a diferencia de las religiones y las filosofías, la modesta utopía de los derechos humanos se ocupa del aquí y del ahora, de cada individuo y de cada derecho como si fueran únicos, sin sacrificar a unos para proteger a otros, con la sola certidumbre de que quien salva una vida salva el mundo.

---

[19]   N. Bobbio, *op. cit.*, 149.

2
EL DERECHO INTERNACIONAL DE LOS DERECHOS HUMANOS

Hasta la creación de la Sociedad de las Naciones en 1919 y en especial hasta la adopción del Pacto Briand-Kellog en 1928, toda la tradición normativa internacional gira en torno a la guerra, práctica cotidiana de los Estados y fuente principal del derecho en la comunidad mundial. La paz como meta de las relaciones internacionales, y sus corolarios como la cooperación, la solidaridad y el desarrollo, se incorporan al derecho público externo muy tardíamente, en el período de entreguerras y de manera cabal después de la Segunda Guerra Mundial. Paradójicamente, sin embargo, el reconocimiento y la protección de la persona humana por el derecho de gentes experimenta una involución, que desafía toda lógica, al producirse la sustitución de la guerra por la paz en tanto categoría central de la legislación internacional. Mientras el antiguo *jus gentium* reconocía la centralidad del conflicto armado como lenguaje corriente entre las naciones e intentaba someterlo a cierta disciplina caballeresca y filantrópica, el moderno *jus gentium*, con su devoción ritual por la paz y el desarrollo, no ha querido o no ha podido proscribir el arma total, se ha puesto de hecho, cuando no de derecho, al servicio de los peores intereses hegemónicos y ha delegado la protección humanitaria en una rama separada, especializada en la teoría pero segregada en la práctica, del derecho internacional, que resulta impotente frente a la realidad de la injusticia planetaria. Se diría que el derecho internacional está dedicado a la legitimación del reparto del mundo por las grandes potencias y a la reproducción de la organización mundial surgida de la segunda postguerra, so pretexto del mantenimiento de la seguridad (léase *statu quo*), que es el valor supremo del sistema.

Así lo confirma la práctica. El derecho internacional se reduce las más de las veces al derecho de los tratados y de la organización mundial, como si el Estado nacional fuera el único sujeto del *jus gentium* o como si su soberanía resultase intangible, sobre todo cuando lo que está en juego es la condición de los miembros de la familia humana dentro o fuera de sus patrias. Frente a la hegemonía del Estado y de sus criaturas, los organismos intergubernamentales que forman la burocracia mundial, la conclusión es desoladora: la persona tiene un estatuto internacional precario, al menos desde el punto de vista de la tradición jurídica dominante en cancillerías y foros multilaterales, por cuanto su protección se cumple de manera residual o marginal, por añadidura o como subproducto de una legislación autoritaria, institucionalista, centrada a ultranza en la defensa del orden y de la soberanía estatal. Por ello importa mucho rescatar la perspectiva del derecho cosmopolítico de Kant, que afirma la plena personería jurídica internacional del individuo y sirve de base para postular un nuevo derecho internacional de la persona humana con tres ramas: el derecho de los derechos humanos, el derecho de los conflictos armados y el derecho de los refugiados y apátridas.

En *Idea de una historia universal en sentido cosmopolita*, un texto de 1784, el gran filósofo alemán hablaba ya de «un Estado civil mundial o cosmopolita» y de «ese fin supremo de la Naturaleza, un Estado de ciudadanía mundial o cosmopolita» [20]. Estas vagas referencias no configuran, sin embargo, una propuesta normativa. Hay que esperar once años, al famoso opúsculo *Sobre la paz perpetua*, de 1795, para encontrar una formulación orgánica de la idea kantiana. En la sección segunda, que contiene los artículos definitivos para la paz perpetua, se lee que «hay que considerar a hombres y Estados, en sus relaciones externas, como ciudadanos de un Estado universal de la humanidad (*jus cosmopoliticum*)» [21]. Más adelante, en el pasaje más importante del ensayo, el pensador de

---

[20] I. KANT, *Filosofía de la historia*, Fondo de Cultura Económica, México 1985, págs. 56 y 61.
[21] I. KANT, *Sobre la paz perpetua*, Tecnos, Madrid 1994, pág. 15.

Könisberg propone como tercer artículo definitivo para la paz perpetua el principio según el cual «el derecho cosmopolita debe limitarse a las condiciones de la hospitalidad universal», y explica a continuación que «hospitalidad significa aquí el derecho de un extranjero a no ser tratado hostilmente por el hecho de haber llegado al territorio de otro». Dicha hospitalidad se traduce de inmediato en «un derecho de visita, derecho a presentarse en sociedad que tienen todos los hombres en virtud del derecho de propiedad en común de la superficie de la Tierra, sobre la que los hombres no pueden extenderse hasta el infinito»[22]. Además de la profética alusión a la cuestión ambiental, que ocupa hoy el primer lugar de la agenda planetaria, este fragmento plantea con energía la radical condición de extranjería o extranjeridad que compartimos todos los humanos y que es el único fundamento legítimo de una ciudadanía mundial, como sostiene la filósofa búlgaro-francesa Julia Kristeva en su reciente estudio sobre la xenofo-bia[23]. Kant concluye su presentación del *jus cosmopoliticum* con este párrafo característico:

> Como se ha avanzado tanto en el establecimiento de una comunidad más o menos estrecha entre los pueblos de la Tierra que la violación del derecho en un punto de la Tierra repercute en todos los demás, la idea de un derecho cosmopolita no resulta una representación fantástica ni extravagante, sino que completa el código no escrito del derecho político y del derecho de gentes en un derecho público de la humanidad, siendo un complemento de la paz perpetua al constituirse en condición para una continua aproximación a ella[24].

Tres ideas se destacan en estas palabras escritas hace doscientos años. La primera se refiere a lo que se ha denominado la disminución del tamaño relativo del mundo merced al desarrollo de los transportes y las comunicaciones, y en especial al crecimiento de la conciencia ética en la aldea global. La segunda tiene que ver con la división tripartita del derecho público según nuestro autor: el derecho políti-

---

[22] I. KANT, *op. cit.*, pág. 27.
[23] J. KRISTEVA, *op. cit.*, págs. 206-210.
[24] I. KANT, *op. cit.*, pág. 30.

co o constitucional, el derecho de gentes o interestatal y el derecho cosmopolítico o de la humanidad [25]. Y la tercera transpira en el aliento utópico que recorre el texto y le confiere una grandeza incontestable, porque Kant no nos propone una tarea fácil, que se confunda con la inercia del continuismo. Por el contrario, el proyecto del derecho cosmopolítico supone la ruptura de la rutina, que en este caso es la hipertrofia del Estado, y la adopción de una nueva perspectiva, la de la persona humana entendida como fin y no como medio, a cuyo servicio debe reordenarse la comunidad internacional en su conjunto. El politólogo germano-chileno Norbert Lechner ha formulado así el aspecto utópico de la tesis kantiana:

> Proclamar los derechos humanos significa fundamentalmente crear aquel «horizonte de sentido» mediante el cual los individuos aislados pueden afirmarse a sí mismos como una comu-

nidad de hombres libres e iguales [...] En tanto utopía no factible, los derechos humanos orientan la construcción del orden social sin llegar nunca a ser «realizados» y operando siempre, por tanto, como criterio de crítica frente a todo orden institucional [26].

En obsequio del pensador alemán, debe añadirse que, del mismo modo que lo que en 1789 o 1795 parecía utopía filosófica y es hoy realidad normativa con la vigencia, así sea simbólica, del derecho internacional de los derechos humanos, lo que hoy parece utopía puede ser mañana realidad con la vigencia, ojalá material y no formal, del derecho de ciudadanía universal para todos los miembros de la especie humana [27]. A partir de la matriz kantiana, cabe hablar entonces de las tres tradiciones que integran el derecho internacional de la persona humana y en primer lugar del derecho de los derechos humanos y sus tres generaciones.

---

[25] I. KANT, *op. cit.,* pág. 37.
[26] N. LECHNER, «Los derechos humanos como categoría política», en Waldo Ansaldi (comp.), *La ética de la democracia*, CLACSO, Buenos Aires 1986, págs. 97 y 99.
[27] Roberto R. ARAMAYO, Javier MUGUERZA y Concha ROLDÁN (eds.), *La paz y el ideal cosmopolita de la Ilustración: a propósito del bicentenacio de «Hacia la paz perpetua» de Kant*, Tecnos, Madrid 1996.

2.1 La primera generación: derechos civiles y políticos

El concepto de generación, cuando se aplica a los derechos humanos, responde a dos criterios: uno histórico y otro temático, que se combinan de manera inextricable. Se trata de explicar la aparición sucesiva de series o grupos de derechos en distintos momentos de la historia contemporánea y de tal manera que cada generación incluya derechos de una misma clase. Así, la primera generación aparece en la época de las revoluciones burguesas y las guerras de independencia en Europa e Hispanoamérica entre los siglos XVIII y XIX, y comprende los derechos civiles y políticos. La segunda generación corresponde al período de las revoluciones nacionalistas y socialistas de principios del siglo XX, y reúne los derechos sociales, económicos y culturales. Y la tercera generación surge a partir de la segunda postguerra mundial y agrupa los derechos colectivos y de los pueblos. En algunos foros empieza a hablarse de la cuarta generación, que incluiría los derechos de las generaciones futuras y de otros sujetos peculiares, como los animales o la naturaleza, por ejemplo, pero aún no existe consenso claro alrededor de esta nueva categoría.

Después de las declaraciones revolucionarias y de las constituciones decimonónicas, los derechos de primera generación se encuentran hoy en instrumentos internacionales como la Declaración Universal de 1948 y el Pacto Internacional de Derechos Civiles y Políticos de 1966, y regionales como la Convención Europea de 1950 y la Convención Americana de 1969. Sus características principales son: se trata de derechos antiguos o clásicos, cuyos orígenes se remontan a los primeros antecedentes documentales; su titularidad y su ejercicio suelen ser individuales; buena parte de ellos corresponde a las llamadas libertades negativas, de resistencia o de oposición, que se definen ante todo por la actitud necesariamente abstencionista del Estado; son exigibles de manera coactiva, lo cual significa que su reconocimiento y ejercicio tienen prioridad; son los únicos respecto de los cuales algunos instrumentos internacionales disponen de mecanismos de protección judicial o cuasi-judicial; y en ellos se concentra o se agota la gestión de la comunidad internacional de derechos humanos y de las ONG en particular. Por todo ello, los derechos de primera generación reciben con frecuencia el calificativo de fundamentales.

Revisados los cuatro instrumentos mencionados, se tiene que la primera generación está integrada por los siguientes derechos civiles y políticos [28]:

1. Derecho a la libertad.

2. Derecho a la igualdad.

3. Derecho a la dignidad.

4. Derecho a la vida y a la seguridad personal.

5. Derecho a no ser torturado ni sometido a penas o tratos crueles, inhumanos y degradantes.

6. Derecho a no ser sometido a esclavitud, servidumbre o tráfico de seres humanos.

7. Derecho a la personalidad jurídica.

8. Derecho a la justicia.

9. *Habeas corpus* o derecho a no ser arbitrariamente arrestado o detenido.

10. Derecho de defensa o garantía del debido proceso judicial.

11. Presunción de inocencia.

12. Derecho a la intimidad o privacidad.

13. Libertad de circulación y de domicilio.

14. Derecho de asilo.

15. Derecho a la nacionalidad.

16. Derecho al matrimonio y a la familia.

17. Derecho de propiedad privada.

18. Libertad de pensamiento, de conciencia y de religión.

19. Libertad de opinión y de expresión.

20. Derecho de reunión y de asociación.

21. Derecho de participación (sufragio y acceso a la función pública).

Estas garantías forman el núcleo de la primera generación de derechos humanos. Pero la lista está lejos de ser taxativa. El Pacto Internacional de Derechos Civiles y Políticos, adoptado por las Naciones Unidas en 1966, incluye en esta categoría el derecho a la libre determinación de los pueblos, los derechos de los detenidos y condenados, los derechos de los niños y los derechos de las minorías étnicas, religiosas y lingüísticas. Y la Convención Ameri-

---

[28] Se sigue el orden de la Declaración Universal de 1948, que es el instrumento constitucional del sistema.

cana o Pacto de San José de Costa Rica, adoptado por la Organización de Estados Americanos en 1969, añade el derecho a la integridad personal, el derecho de rectificación o respuesta y el derecho al nombre.

Como salta a la vista, cada uno de estos veintiocho derechos constituye por sí mismo un complejo normativo de gran riqueza conceptual y de vastas repercusiones prácticas, que deben analizarse en otro lugar. Lo importante aquí es advertir que las libertades civiles y políticas son las que hacen posible la vida en sociedad y su vigencia efectiva establece la diferencia entre la barbarie y la civilización. De ahí que se consideren coactivamente exigibles de todo Estado que pretenda formar parte de la comunidad internacional, y que se hayan convertido durante las últimas décadas en la materia litigiosa de las organizaciones intergubernamentales y no gubernamentales especializadas en la defensa y protección de los derechos humanos dentro y fuera de los países. Esto no significa que los derechos humanos de segunda y tercera generación puedan ser relegados a una

posición subalterna o que su ejercicio efectivo no resulte igualmente esencial para la dignificación de la existencia. Pero su tratamiento jurídico y político es diferente y plantea problemas específicos que conviene atender en sus propios términos. La Conferencia de Viena ha servido para poner en evidencia las hondas discrepancias entre los regímenes democráticos occidentales, que favorecen los derechos civiles y políticos en franco detrimento de los derechos sociales, económicos y culturales, y los regímenes jerárquicos orientales, que privilegian de manera ostensible los segundos sobre los primeros. Un debate similar entre democracia política y desarrollo socioeconómico enfrenta también, desde entonces, a los países del Norte contra los del Sur del planeta en lo que Samuel Huntington, el gurú de Harvard, ha llamado el choque de civilizaciones que será el contencioso número uno en el mundo del siglo XXI.

También forman parte de este grupo de derechos fundamentales las garantías contenidas en una serie de instrumentos internacionales y regionales de carácter especializado, que se han expedido desde mediados de siglo para la protección de ciertas poblaciones vulnerables o para la represión de ciertas prácticas repudiables. En uno y otro caso, se trata de precaver la violación de libertades básicas como la vida, la integridad física o la igualdad, mediante la erección de categorías de personas especialmente protegidas o la persecución de las conductas criminales que de manera más grave las afectan. Con esta técnica negativa, de protección a través de la prohibición, el derecho internacional de los derechos humanos tiende a convertirse en un auténtico derecho penal internacional y a hacer así realidad un antiguo proyecto de los defensores del derecho de gentes con contenido moral. En el ámbito mundial, pueden mencionarse la Convención sobre prevención y sanción del delito de genocidio de 1948, la Convención sobre eliminación de todas las formas de discriminación racial de 1965, la Convención sobre represión y castigo del crimen del *apartheid* de 1973, la Convención sobre eliminación de todas las formas de discriminación contra la mujer

de 1979, la Convención contra la tortura y otros tratos o penas crueles, inhumanos o degradantes de 1984 y la Convención sobre los derechos del niño de 1991. Y en el ámbito interamericano, cabe señalar la Convención americana sobre la tortura de 1985, el Protocolo relativo a la abolición de la pena de muerte de 1990, la Convención interamericana sobre desaparición forzada de personas de 1994 y la Convención interamericana sobre la violencia contra la mujer de 1994.

2.2 La segunda generación: derechos sociales, económicos y culturales

Si los derechos civiles y políticos provienen de las revoluciones burguesas que sustituyeron las monarquías por las repúblicas y erigieron el constitucionalismo como sistema de frenos y contrapesos para la defensa del individuo, los derechos sociales, económicos y culturales resultan de las revoluciones nacionalistas y socialistas que reemplazaron el Estado gendarme por el Estado nodriza o de bienestar y sancionaron la irrupción de las masas en la sociedad contemporánea. Esta segunda serie de libertades está asociada a un conjunto de fenómenos y procesos de modernización social, económica, política y cultural que viven muchos países occidentales y algunos orientales a partir de las primeras décadas del siglo que termina. Entre ellos se destacan: la revolución mexicana de 1910, la revolución soviética de 1917, la revolución alemana de 1919, la república española de 1927, la gran depresión o quiebra del capitalismo norteamericano de 1929 y, de manera más general, la insurgencia del socialismo en Europa y la crisis del capitalismo en buena parte del mundo, que vienen acompañadas de profundas agitaciones sociales e intelectuales y desembocan en una nueva configuración de los regímenes políticos y de sus instituciones jurídicas. En este último terreno, los cambios mencionados se traducen en el fortalecimiento de las funciones económicas del gobierno y en la consagración de derechos de contenido económico que aparejan otras tantas obligaciones por parte del Estado. Hay que puntualizar que las nuevas libertades sociales no resultan exclusivamente de la operación de un solo factor como la acción reivindicativa de los sindicatos obreros y los partidos izquierdistas o la visión estratégica de los gobernantes y los empresarios, sino más bien del compromiso forzado entre unos y otros ante el empuje de la crisis, al igual que de la influencia ambiental de las ideas socialistas y socialdemócratas, y de pensadores como Keynes, Kelsen y Duguit.

Como ocurre con los demás grupos, los derechos de segunda generación tardan al menos una generación [29] en codificarse como normas internacionales, de suerte que tan sólo a mediados de este siglo o poco después puede decirse que alcanzan la dignidad de la consagración normativa. En la actualidad, los instrumentos pertinentes son en lo internacional la propia Declaración Universal de 1948 en siete de sus artículos finales y el Pacto Internacional de Derechos Económicos, Sociales y Culturales de 1966, y en lo re-

---

[29] Según la fórmula de Ortega y Gasset, una generación dura o cubre treinta años: quince de gestación y quince de gestión.

gional la Carta Social Europea de 1961 y el Protocolo de San Salvador de 1988, adicional a la Convención Americana. En contraste con los derechos civiles y políticos, los derechos socioeconómicos y culturales presentan las siguientes características: son modernos en su concepción y en su formulación, pues aparecen a comienzos del siglo XX; su ejercicio es en último término individual, pero su titularidad oscila entre lo individual y lo colectivo, como en el caso de los derechos de la familia; forman las llamadas libertades positivas o de participación o poderes, pues su práctica reclama la acción material del Estado; son de realización progresiva, ya que su ejercicio efectivo depende de la disponibilidad de recursos estatales y societarios; no pueden ser exigidos por la vía judicial; y no pertenecen a la agenda contenciosa de la comunidad humanitaria sino a la gestión filantrópica de las llamadas ONG de cooperación y desarrollo. Aunque nadie podría negar su contribución vital a la dignificación de la especie, en virtud de una paradoja muy reveladora de los límites morales de nuestra civilización,

los derechos de segunda generación no suelen ser incluidos entre los fundamentales o imprescriptibles.

Tenida cuenta de los convenios citados, la segunda generación está formada por los siguientes derechos sociales, económicos y culturales:

1. Derecho al trabajo.
2. Derecho a condiciones de equidad, dignidad, seguridad e higiene en el trabajo.
3. Derecho de asociación sindical, de huelga y de negociación colectiva.
4. Derecho a la protección especial de las madres trabajadoras y los menores trabajadores.
5. Derecho a la seguridad social.
6. Derecho a la calidad de la vida.
7. Derecho a la salud.
8. Derecho a la educación.
9. Derecho a la cultura, el arte y la ciencia.

Más allá de este catálogo mínimo en el que coinciden las principales normas, pertenecen a la segunda generación: según la Declaración Universal, el derecho a un orden social (e internacional) propicio para la práctica de todas las libertades; según la Carta Social Europea, el derecho a la orientación y a la formación profesionales, el derecho a la asistencia médica, el derecho a los servicios sociales y el derecho a la protección especial de los minusválidos y de los trabajadores extranjeros; y según el Protocolo de San Salvador, el derecho al medio ambiente sano, el derecho a la alimentación y el derecho a la protección especial de los ancianos. La lista asciende así a diecisiete garantías orientadas a dignificar la existencia humana en sus dimensiones familiar, laboral y comunitaria, mediante la provisión de los servicios públicos y sociales que corresponden en principio al Estado. Empero, si para ejercitar los derechos civiles y políticos basta que las autoridades actúen dentro de la órbita constitucional que les es propia y permitan que los ciudadanos hagan todo cuanto no les está prohibido, para practicar las libertades socioeconómicas y culturales, en cambio, es menester que el Estado disponga de ingentes recursos y claras políticas para impulsar el desarrollo material de los asociados a través de la prestación de servicios y la realización de obras en beneficio públi-

co. La sola idea de derechos sociales supone la existencia de un Estado benefactor o intervencionista que reconozca obligaciones de contenido económico en favor de los particulares en general y de ciertos grupos en especial, y cumpla con ellas. Mas las obligaciones estatales, puesto que no pueden reclamarse ante los jueces, deben tramitarse a través del proceso político y electoral, como parte de la dinámica partidista y parlamentaria que genera la relación política fundamental entre electores y elegidos o entre ciudadanos y gobernantes. De ahí que pueda hablarse de un «circuito positivo de retroalimentación» para describir la conexión entre el nivel de desarrollo de la sociedad y el grado de efectividad de los derechos de segunda generación: si hay prosperidad económica, ilustración social y Estado de derecho de carácter democrático, el proceso político facilitará el cumplimiento de las promesas implícitas en las libertades socioeconómicas; si hay, por el contrario, como ocurre por desgracia en las dos terceras partes del planeta, injusticia socioeconómica, analfabetismo político y despotismo o corrupción estatal, la vida pública se degradará al punto de impedir o aplazar *sine die* la satisfacción de los derechos sociales.

Se ha discutido extensamente sobre la naturaleza de los derechos sociales en comparación con los derechos civiles, en especial desde el punto de vista de su exigibilidad. Un amplio sector de la academia parece coincidir en que tan sólo los de primera generación merecen en rigor el apelativo de derechos, puesto que el Estado puede ser efectivamente obligado a garantizarlos mediante la intervención de los tribunales tanto nacionales como internacionales, mientras que los de segunda generación son apenas expectativas o aspiraciones que no pueden reclamarse con el apoyo de la coacción legal, sino que dependen de la riqueza social, de la cultura política y de la movilización ciudadana, según se ha advertido ya. Adicionalmente, las libertades civiles son practicables cuando la maquinaria gubernamental funciona de modo normal, rutinario, y las autoridades mantienen una conducta tolerante y disciplinada frente a la ciudadanía. Las libertades so-cioeconómicas, en cambio, requieren un comportamiento mucho más activo y costoso por parte del Estado, en tanto que suponen gastos e inversiones en obras y servicios que van más allá del simple funcionamiento inercial de la administración. Podría decirse que la primera generación de derechos demanda virtudes políticas tales como imparcialidad, tolerancia y transparencia, al paso que la segunda generación exige virtudes sociales tales como generosidad, equidad y solidaridad. Y la distancia entre unas y otras no es sólo cuestión de presupuesto o de legalidad sino también y sobre todo de humanidad y de moralidad.

2.3 La tercera generación: derechos colectivos y de los pueblos

Frente a los derechos civiles y políticos propios del constitucionalismo liberal y a los derechos socioeconómicos y culturales típicos del constitucionalismo social, los derechos colectivos y de los pueblos resultan característicos de un constitucionalismo pluralista o solidario que todavía no ostenta la coherencia ni la legitimidad de aquéllos y que apenas empieza a abrirse paso en los textos jurídicos y en las costumbres políticas. Se trata de reivindicaciones muy recientes, que se remontan a la época de la guerra fría y de la descolonización africana, si bien desde la primera postguerra mundial se habla ya de protección jurídica internacional de las minorías, y tienen que ver con las aspiraciones compartidas por poblaciones más o menos definidas. Por esta razón, no existe instrumento internacional alguno que codifique los derechos de tercera generación, y la atención que recae sobre ellos proviene de los estudiosos y de un sector de la opinión pública mundial en el cual convergen los intereses de países del Sur, de naciones en busca de Estado y de las ONG. Lo anterior explica el carácter contestatario o reivindicativo de algunos derechos de este grupo, al igual que la curiosa circunstancia de que con frecuencia su única formulación se encuentre en las resoluciones de la Asamblea General de las Naciones Unidas, las cuales tienen la condición de decisiones no vinculantes para la organización

mundial y sus Estados miembros.

Los derechos colectivos tienen las siguientes notas distintivas: son contemporáneos, al punto de que no han sido aún objeto de codificación sistemática; tanto su titularidad como su ejercicio son colectivos; se trata de libertades comunitarias o de solidaridad, que pretenden la protección de bienes comunes que a veces trascienden las fronteras nacionales y que exigen del Estado el cumplimiento de ciertas prestaciones; no son justiciables o exigibles a través de la justicia; no implican necesariamente obligaciones de contenido económico en cabeza del Estado; y su defensa se traduce casi por entero en presión política y discurso ideológico, con excepción de alguna actividad litigiosa observable en los terrenos del medio ambiente y de las minorías étnicas.

Si se cotejan la Declaración Universal de 1948, los dos Pactos Internacionales de 1966, la Carta Social Europea de 1961 y el Protocolo de San Salvador de 1988, pueden encontrarse y enumerarse los derechos de tercera generación, así:

1. El derecho a un

orden internacional apto para los derechos humanos.

2. El derecho a la libre determinación de los pueblos y a la libre disposición de sus riquezas y recursos naturales.

3. El derecho de las minorías étnicas, religiosas o lingüísticas a su cultura, a su religión y a su lengua.

4. El derecho de los trabajadores migrantes a trabajar en otros países bajo condiciones dignas y justas.

5. El derecho al medio ambiente sano.

La lista precedente recoge las garantías que se encuentran hoy en los instrumentos de primera línea, a saber: el primer derecho es el más antiguo pues proviene de la Declaración Universal; el segundo encabeza ambos Pactos de 1966; el tercero procede del Pacto de Derechos Civiles y Políticos; el cuarto tiene su origen en la Carta Social Europea; y el quinto es la contribución del derecho interamericano. Los derechos a la paz, al desarrollo, a la cooperación o a la solidaridad forman parte de elaboraciones académicas o declaraciones políticas y no tienen por ahora entidad normativa. Pero algunas constituciones

nacionales recientes, como la española de 1978 o la colombiana de 1991, han otorgado reconocimiento formal a algunas libertades de tercera generación, entre las cuales cabe señalar: el derecho al medio ambiente sano o adecuado para el desarrollo de las personas y la defensa de los consumidores y usuarios, que se consagran en los artículos 45 y 51 de la carta española, y en los artículos 78 y 79 de la norma colombiana, más el derecho a la paz y el derecho al espacio público, que aparecen en los artículos 22 y 82 de esta última. Conviene agregar que la problemática ambiental y ecológica constituye por ahora la última frontera del derecho público por cuanto la naturaleza patrimonial, en la cual se inserta y sustenta a la vez la familia humana, se concibe cada vez más como el bien común por excelencia. De ahí que empiecen a proliferar los convenios y tratados sobre cuestiones ecológicas específicas (biodiversidad, cambio climático) y la Declaración de la Conferencia de las Naciones Unidas sobre el Medio Ambiente, adoptada en Río de Janeiro en junio de 1992, pueda ser vista como el punto de partida de una codificación general del nuevo derecho ambiental internacional.

Por este camino, los sectores más radicales de la comunidad ambientalista y ecologista proponen el reconocimiento de la naturaleza como sujeto de derecho, de donde se deducen los supuestos derechos de los animales y las plantas e incluso, según la famosa hipótesis de James Lovelock, de Gaia o Gea, la Tierra entera como un organismo viviente de carácter unitario. Más allá de estas propuestas, por brillantes y bienintencionadas que sean, la realidad es que los animales y las plantas no pueden ser titulares de derechos, al menos en el mismo sentido y con las mismas consecuencias que las personas, porque no pueden hacer promesas ni cumplirlas, porque no pueden obligarse entre sí ni con otros, porque hasta donde sabemos no pueden otorgarse mutuamente ese suplemento de vida que llamamos dignidad humana. Cosa distinta es que, tanto por razones estéticas y económicas como morales, la humanidad reconozca su deber de respetar todas las formas de vida sobre la Tierra, evitar al máximo la crueldad con los animales y utilizar los recursos naturales con responsabilidad y solidaridad. En este contexto, se oyen voces a favor de una cuarta generación de derechos que acoja los hipotéticos derechos de la naturaleza y sus especies no humanas, y los derechos de las generaciones futuras a disfrutar de una casa común en condiciones decorosas y productivas. Hay que saludar con simpatía tales iniciativas sin perder de vista que la humanización del mundo presente sigue siendo nuestra principal asignatura pendiente.

En cualquier caso, los procesos de globalización económica, tecnológica y cultural, que coexisten con los procesos de violencia política, étnica y religiosa en todo el planeta, confieren gran importancia práctica a los derechos colectivos y de los pueblos. Visto como sociedad de masas, aldea global, universo virtual, guerra civil o caos funcional, el mundo del futuro será tanto de colectivos como de individuos, por lo que la dignificación de las poblaciones cobrará igual o mayor importancia que la de las personas. Aunque, como advierte de manera desafiante el maestro Norberto Bobbio, «eliminad la concepción individualista de la sociedad [y] no lograréis justificar la democracia como forma de gobierno»[30].

2.4 El derecho de los conflictos armados

Las tres generaciones que integran el derecho internacional de los derechos humanos, y que como tales forman la parte del león en el sistema jurídico internacional de protección de la persona humana, han sido concebidas para democracias funcionales u operativas en tiempos de paz. El reconocimiento de la dignidad y el ejercicio de las libertades a que se refieren con tanta insistencia los instrumentos de las organizaciones mundial, europea e interamericana, como hemos visto, suponen la existencia y el funcionamiento de un régimen democrático o republicano, al igual que la prevalencia de una normalidad política básica para que dichas instituciones estén en condiciones de asegurar la práctica de tales garantías. Ésta es la regla general. Pero, con indeseable frecuencia, se

presentan excepciones, es decir, se dan situaciones de conflicto e imperan regímenes autoritarios o despóticos sobre grandes grupos humanos en vastas regiones del planeta. Para garantizar la vigencia de un mínimo de derechos humanos fundamentales en estas circunstancias de crisis, cuando la democracia ha sido sustituida por la dictadura o la paz ha dado paso a la violencia, hay que apelar a una rama especializada del *jus gentium* que se conoce con el nombre genérico de derecho de los conflictos armados y que está formado por dos conjuntos de reglas: el derecho humanitario o derecho de Ginebra y el derecho de la guerra o derecho de La Haya.

La guerra fue una de las primeras actividades sociales de la especie humana y será sin duda la última. Una reconocida autoridad sostiene que en los últimos 5.500 años de historia documentada ha habido 14.513 guerras, que han costado 1.240 millones de vidas y han permitido tan sólo 292 años de paz discontinua[31]. Únicamente entre 1960 y 1982 se calcula que han

[30] N. Bobbio, *op. cit.*, págs. 147 y 163.
[31] Edmund Jan Osmańczyk, *Enciclopedia mundial de relacio-*

tenido lugar 65 conflictos armados, si se incluyen los que han causado mil muertos o más cada uno. Estas guerras han tenido como teatro el territorio de 49 países, que representan dos tercios de la población y el 40 % del área del planeta, y han producido alrededor de once millones de bajas. A comienzos de 1983, se estimaba que había 40 guerras en 45 países, de las cuales 5 eran convencionales o internacionales y 35 irregulares o civiles y de guerrillas. Peor aún, los costos de los enfrentamientos bélicos se trasladan en forma creciente de los combatientes a los no combatientes: mientras que en la Primera Guerra Mundial la proporción de civiles caídos con relación al total de muertos en combate fue del 13 %, en la Segunda Guerra Mundial ascendió al 70 %, en la guerra de Corea alcanzó el 84 % y en las guerras de Vietnam y los Balcanes superó el 90 % [32].

Pero si la guerra fuera violencia químicamente pura no tendría lugar preeminente en la experiencia humana. Nos ocuparíamos muy poco o casi nada de ella, al punto de eludirla o ignorarla, o nos dejaríamos arrastrar por su energía hasta cederle nuestra identidad individual y colectiva. Mas nuestra actitud al respecto resulta muy ambigua porque la guerra es algo más, mucho más que agresión desencadenada o destrucción organizada. La guerra pertenece al mundo de la cultura y de la política, y ha ejercido una influencia decisiva en la forma y en el destino de los asuntos humanos. Además de herir, matar, destruir y desaparecer, la guerra cambia a los individuos y a las sociedades en sus comportamientos, en su medio ambiente natural y cultural, y en sus estructuras de producción, dominación y comunicación. Su presencia en el derecho, la literatura, el arte, la religión, la filosofía, la ciencia, la tecnología y la economía ha sido constante y bajo numerosas formas se observa en todas las comunidades de todas las épocas. El reconocimien-

---

nes internacionales y Naciones Unidas, Fondo de Cultura Económica, México 1976, pág. 2091.

[32] Keith SUTER, An international law of guerrilla warfare: The global politics of law making, St. Martin's Press, Nueva York 1984, págs. 8, 44 y 177.

to de estos múltiples efectos no implica desconocer, minimizar o justificar el carácter agresivo y destructivo del conflicto armado, el cual, por el contrario, puede y debe ser valorado con arreglo a distintas categorías normativas. No se trata, por consiguiente, de abandonar los principios ante el fenómeno bélico, ni desmayar en la construcción de la paz, sino de enfrentarse con los ojos abiertos a la complejidad de la guerra.

El derecho de los conflictos armados se enfrenta a la guerra con la sabiduría práctica que caracteriza al arte legal desde Cicerón. Por ello, no pretende negarla ni suprimirla sino más bien acotarla y regularla a partir de una ética caballeresca cuyos orígenes se remontan a la China clásica del siglo v antes de Cristo y cuyas versiones evolucionan hasta nuestros días. A lo largo de su extenso proceso de formación, el antiguo *jus ad bellum* o derecho a hacer la guerra, que dio pie a la onerosa doctrina de la guerra justa, se transforma en el moderno *jus in bello* o derecho en la guerra, que trata de regular las hostilidades mismas y a la vez proteger

a sus víctimas culpables y sobre todo inocentes. Surgen así, hacia mediados y finales del siglo pasado, las dos especialidades que constituyen esta paradójica y sin embargo entrañable tradición normativa: el derecho de Ginebra, que reúne las normas de asistencia y protección, y el derecho de La Haya, que compila las reglas sobre los medios y métodos de combate.

El derecho humanitario tiene su formulación inaugural en la Convención de Ginebra de 1864, por la cual doce países europeos se comprometieron a proteger a las víctimas de la guerra, y en especial a los enfermos y heridos, por razones de humanidad. En 1906 se adoptó otro instrumento sobre la misma materia, que fue complementado por dos convenios suscritos en 1929, el segundo de ellos relativo a la asistencia humanitaria de los prisioneros de guerra y como tal nuevo. A resultas de la Segunda Guerra Mundial, el movimiento internacional de la Cruz Roja, que estaba asociado a esta iniciativa desde sus comienzos, asumió la tarea de actualizar y enriquecer la legislación disponible. Este esfuerzo diplomático se tradujo en los cuatro Convenios de Ginebra de 1949, que refundieron y ampliaron de manera considerable el derecho humanitario, así: el primero, sobre protección de las víctimas de la guerra terrestre, y el tercero, sobre trato de los prisioneros de guerra, son revisiones de los instrumentos de 1929; el segundo, sobre protección de las víctimas de la guerra marítima, es una revisión del décimo Convenio de La Haya de 1907; y el cuarto, sobre protección de la población civil no combatiente, es nuevo en el derecho internacional público de carácter convencional, aunque codifica lo esencial del viejo *jus in bello*. Lugar preeminente en los Convenios de 1949, ocupa el artículo 3 común, que ha sido considerado un convenio en miniatura y que es la primera regla escrita de *jus gentium* referente a conflictos armados no internacionales.

Una generación más tarde, en el contexto de la descolonización africana y de las revoluciones en América Latina y el Tercer Mundo, la comprensiva compilación de Ginebra fue adicionada con los dos Protocolos de 1977: el primero, sobre protección humanitaria en los conflictos armados internacionales, incorpora al derecho de Ginebra lo fundamental de dos tradiciones paralelas pero hasta entonces marginales, a saber, los derechos humanos y el derecho de la guerra; y el segundo, sobre protección humanitaria en los conflictos armados no internacionales, es el llamado Protocolo guerrillero en tanto constituye un desarrollo, harto problemático por cierto, del artículo 3 común de los cuatro Convenios de 1949. En su conjunto, este instrumental normativo se propone regular la asistencia y protección de carácter filantrópico a todas las víctimas de la guerra: enfermos, heridos, náufragos, prisioneros de guerra, civiles y combatientes puestos fuera de combate. La regla de oro de la legislación de Ginebra es la separación entre combatientes y no combatientes para garantizar a unos y otros, en la medida en que se conviertan en víctimas o queden fuera de combate por cualquier razón, un tratamiento mínimamente humano.

Por su historia y por su racionalidad filantrópica, el derecho humanitario ha estado inextricablemente vinculado a la existencia y a la gestión del Comité Internacional de la Cruz Roja, que es una institución internacional no gubernamental, integrada de manera exclusiva por ciudadanos suizos y poseedora de un estatuto excepcional en el sistema mundial. El CICR goza de merecido prestigio por su imparcialidad y su profesionalismo, y su labor ha sido vital para la protección y la salvación de miles de seres humanos en todas las latitudes. Pero el celo a veces excesivo con el cual el Comité interpreta y aplica el derecho humanitario, al igual que el verdadero culto a la neutralidad que profesan algunos de sus delegados, resultan difíciles de conciliar con la idea del *jus in bello* como patrimonio de la humanidad.

Por su parte, el derecho de la guerra está recogido en la Declaración de San Petersburgo de 1868, que proscribe por vez primera el empleo de ciertas armas y municiones de guerra; en la Declaración de Bruselas de 1874; en el Manual de Oxford de 1880; y sobre todo en los tres Convenios de 1899 y los trece de 1907, adoptados todos en La Haya y relativos a la limitación de los medios y métodos de combate. Adicionalmente, pertenecen a esta tradición el Protocolo de Ginebra de 1925 sobre armas químicas, los Convenios de La Haya de 1954 sobre protección de bienes culturales y el Convenio de Nueva York de 1980, con sus cuatro Protocolos adicionales sobre fragmentos no localizables, minas antipersonales y armas-trampa, y armas incendiarias. En este último caso, podría hablarse incluso del derecho de Nueva York para aludir a la vinculación de las Naciones Unidas al esfuerzo de codificación, difusión y aplicación del *jus in bello* en su vertiente de derecho de la guerra propiamente tal [33]. En cualquier caso, esta tradición jurídica se ocupa de gobernar el desarrollo de las hostilidades, incluidas la neutralidad y el uso de las diferentes armas y tácticas de lucha, con base en tres reglas básicas: las hostilidades sólo pueden di-

---

[33] Al lado de los derechos de Ginebra, La Haya y Nueva York, debe incluirse el derecho de Núremberg, que codifica las normas convencionales y consuetudinarias relativas a la responsabilidad penal internacional por la comisión de crímenes de guerra (o violaciones de las leyes y costumbres de la guerra) y crímenes contra

rigirse contra comba-
tientes y objetivos mili-
tares legítimos; están
prohibidos los medios de
combate o armas que
causen sufrimientos o
daños superfluos o in-
necesarios; y se proscri-
ben los métodos de com-
bate de carácter pérfido
o deshonroso. Estas nor-
mas se sintetizan en el
principio según el cual
«el derecho de las partes
en conflicto a elegir los
métodos o medios de ha-
cer la guerra no es ili-
mitado». Tal es el tenor
literal del artículo 35
del Protocolo I de Gine-
bra de 1977, que cons-
tituye la mejor prueba
de la tendencia hacia la
integración que se pre-
senta hoy entre las le-
yes de Ginebra y de La
Haya. La convergencia
de las dos legislaciones
o, mejor aún, la absor-
ción del derecho de La
Haya por el derecho de
Ginebra representa la
única esperanza cierta
de aplicación de las le-
yes y costumbres de la
guerra a los conflictos
reales de nuestro tiem-
po, pues la racionalidad
humanitaria, a pesar de
sus derrotas cotidianas,

parece tener más opor-
tunidades de acción y
por tanto más probabi-
lidades de éxito que la
política de control de ar-
mamentos y civilización
de los procedimientos de
lucha. No es gratuito ni
superfluo que los Con-
venios de Ginebra de
1949 sean los tratados
multilaterales que ma-
yor número de adhesio-
nes han recibido a lo
largo de la historia, más
que la mismísima Carta
de las Naciones Unidas:
en agosto de 1996, 188
Estados eran parte de
los Convenios, así como
146 del Protocolo I y
138 del Protocolo II.

Dos observaciones son
de rigor en este punto.
La primera concierne al
carácter consuetudina-
rio y no sólo convencio-
nal que tienen los pre-
ceptos del derecho de
los conflictos armados
en su conjunto. Confor-
me a reiterada jurispru-
dencia de la Corte In-
ternacional de Justicia,
tales normas forman
parte del *jus cogens* o
derecho obligatorio de
los pueblos y vinculan a
todos los miembros de
la comunidad interna-

---

la humanidad. En 1993, el Consejo de Seguridad de las Naciones
Unidas creó el Tribunal Penal Internacional para la antigua Yugoslavia (con sede en La Haya, Holanda) y en 1944 el Tribunal
Penal Internacional para Ruanda (con sede en Arusha, Tanzania),
que son los primeros de su clase en tiempo de paz, desde los tribunales militares internacionales de Núremberg, Tokio y Manila
en 1945, y que actúan con fundamento en los instrumentos de
derecho internacional humanitario.

cional civilizada, aunque los Estados no hayan suscrito los diferentes convenios de Ginebra, La Haya o Nueva York. Y la segunda observación se refiere a los efectos que tiene una u otra legislación en el ámbito interno del Estado. El jurista chileno Hernán Montealegre expresa la doctrina dominante en los siguientes términos:

> Mientras el derecho de la guerra deroga el derecho interno y absorbe jurídicamente el conflicto, determinando el estatuto de las partes contendientes, el derecho internacional humanitario coexiste con el derecho interno, el que recibe su aplicación general, y no afecta la condición jurídica de las partes contendientes respecto a su posición legal o ilegal ante el recurso a la fuerza [34].

Si el derecho de los conflictos armados no existiera, habría que inventarlo, aunque no se cumpla a cabalidad. Sin este horizonte ético y jurídico, la guerra terminaría siendo una fatalidad genética o ambiental en lugar de la mala política que es, y no la enjuiciaríamos ni trataríamos de paliar sus efectos o de buscarle una solución negociada. Tales son los servicios que presta el moderno *jus in bello*: poner en evidencia el carácter contingente, relativo, casi remedial de todo conflicto armado, y ofrecer una caja de herramientas para proteger a los ciudadanos inermes y a los propios combatientes puestos fuera de combate, con miras a reducir la barbarie y preparar el terreno para la construcción de la paz o al menos de la tregua democrática. Al revelar la índole últimamente política de la guerra, resulta posible contextualizarla, desmistificarla y manejarla como un choque de intereses relativos y no como una lucha de principios absolutos. Y al disponer de reglas para el combate civilizado y para la asistencia humanitaria, puede reducirse el sufrimiento y crearse el clima de duelo y no de cruzada, de contradicción relativa y reglamentada en lugar de enemistad absoluta e incondicional, en el cual surgen los armisticios y quizá las reconciliaciones.

---

[34] H. MONTEALEGRE, *La seguridad del Estado y los derechos humanos,* Academia de Humanismo Cristiano, Santiago de Chile 1979, pág. 563.

2.5 El derecho de los refugiados y apátridas

A raíz de la catástrofe humanitaria de la Segunda Guerra Mundial y particularmente del holocausto judío, la gran pensadora alemana Hannah Arendt afirma en su monumental obra *Los orígenes del totalitarismo* que el derecho humano fundamental es la ciudadanía, ya que se trata del derecho a tener derechos [35]. Todas las demás garantías básicas de la dignidad humana, y en primer lugar la vida y la libertad, dependen efectivamente de la ciudadanía, porque ser ciudadano significa pertenecer a una comunidad política y jurídicamente organizada dentro de la cual se es juzgado tan sólo por las acciones y las opiniones, según el principio de legalidad. De ahí que perder la ciudadanía se traduzca en la práctica en ser separado de la humanidad y reducido a la indefensión absoluta: «Tan sólo con los apátridas puede hacer uno lo que quiere: antes de exterminar a los judíos fue preciso hacerles perder su nacionalidad» [36].

Para responder al drama de los refugiados y los apátridas, que constituye una de las mayores vergüenzas de nuestro tiempo como lo demuestra una vez más la tragedia de los grandes lagos africanos, puede hablarse, por fin, de una tercera rama del derecho internacional de los derechos humanos. Se trata del derecho de los refugiados, apátridas y desplazados internos, que también tiene como fundamento el privilegio de la víctima, es decir, el punto de vista radical de la sociedad civil. Sin embargo, a diferencia de las dos tradiciones anteriores, la de los derechos del hombre y la de los conflictos armados, ésta es muy reciente, pues sus orígenes se remontan a la última postguerra, y tiene un carácter menos político y más técnico, como que está formulada en términos de un mandato conferido por la comunidad internacional a una agencia especializada del sistema de las Naciones Unidas para atender a los individuos y grupos desarraigados, por motivos políticos, de su país de

---

[35] H. ARENDT, *Los orígenes del totalitarismo, II: El imperialismo*, Alianza Editorial, Madrid 1982, pág. 375, y C. LAFER, *op. cit.*, págs. 24, 175-177 y 184.

[36] H. ARENDT, *Eichmann en Jerusalén: un estudio sobre la banalidad del mal*, Lumen, Barcelona 1967, pág. 346.

origen o de residencia. De esta suerte, la oficina del Alto Comisionado de las Naciones Unidas para los Refugiados (ACNUR) tiene ya una experiencia de más de tres décadas en cumplimiento de dos instrumentos principales: la Convención de 1951 sobre el Estatuto de los Refugiados y su Protocolo adicional de 1967, ratificados por 121 países y orientados a garantizar los derechos de los exiliados, incluyendo adquirir una nueva nacionalidad, volver a su territorio si lo desean y no ser devueltos a él si no lo desean o si peligran sus vidas o sus libertades. Dicha trayectoria resulta meritoria en cuanto se refiere a los refugiados en sentido estricto, que son los que se ven forzados a abandonar su patria y a cruzar una o más fronteras internacionales, pero aparece como elusiva o claudicante cuando se trata de desplazados internos, que son aquellos que se transforman en apátridas dentro de su propia patria. Este último fenómeno, que se ha convertido en una grave y extendida modalidad de violación de derechos humanos en varios países centroamericanos, en Colombia, en África

y en los Balcanes, no recibe hoy mayor atención por parte de la organización internacional ya que no está explícitamente mencionado en el mandato del ACNUR. Desde el punto de vista jurídico, esta abstención puede estar justificada. Desde el punto de vista humanitario, en cambio, tal postura no es más que la consecuencia de un mandato anacrónico y estrecho, formulado desde el Norte y en defensa del Estado nacional, mientras la problemática del refugio en general y del desplazamiento forzado en particular se concentra hoy en el Sur y demanda la protección de la dignidad humana contra el aparato estatal, que debería ser su asilo pero que es casi siempre su azote.

Tanto como la guerra y en gran medida como resultado de ella, la apatridia, verdadera muerte civil para quienes la sufren, es una excepción monstruosa al derecho internacional de los derechos humanos como régimen general. Y por serlo constituye la negación absoluta de la dignidad humana, la expulsión de la humanidad. Ello entraña una paradoja que está en el corazón de los derechos humanos: la dignidad de la persona se define tanto mejor cuanto más universal sea su definición, pero se defiende tanto mejor cuanto más nacional e incluso local sea su defensa. La humanidad como dignidad común trasciende las nacionalidades y sobre todo los nacionalismos, pero se encarna en las ciudadanías y depende de cada una de ellas para su reconocimiento y su protección eficaces, al menos por ahora. Hace casi medio siglo uno de los mejores entre nosotros lo vio claro:

El derecho a tener derechos o el derecho de cada individuo a pertenecer a la humanidad tendría que ser garantizado por la misma humanidad. No es en absoluto seguro que ello pueda ser posible. Porque, contra los intentos humanitarios mejor intencionados de obtener de las organizaciones internacionales nuevas declaraciones de los derechos humanos, tendría que comprenderse que esta idea trasciende la idea actual de la ley internacional que todavía opera en términos de acuerdos recíprocos y de tratados entre Estados soberanos; y por el momento no existe una esfera que se halle por encima de las naciones. Además, este dile-

ma no podría ser en manera alguna eliminado mediante el establecimiento de un «gobierno mundial». Semejante gobierno se halla, desde luego, dentro del terreno de las posibilidades, pero cabe sospechar que, en realidad, podría diferir considerablemente de la versión promovida por las organizaciones idealistas [37].

Mientras se establece la ciudadanía cosmopolítica o universal, hay que conservar, ensanchándolas a la medida de lo humano y haciéndolas porosas como las fronteras del aire, las ciudadanías particulares o nacionales. La pertenencia a la polis, como condición de posibilidad para la afirmación de la dignidad y para el ejercicio de las libertades, debe ser garantizada a propios y extraños. Pero, como recuerda Fernando Savater, la idea misma de ciudadanía parece estar en crisis, «la ciudadanía ya sólo la defienden los desterrados que, como los judíos ensalzados en un ensayo célebre por Cioran, son dos veces humanos: la primera, como todos, por haber salido del reino animal, y la segunda, por haber perdido su casa» [38]. Así lo ha reiterado, esta vez

---

[37] H. ARENDT, *Los orígenes...*, pág. 377.
[38] F. SAVATER, *El mito nacionalista*, Alianza Cien, Madrid 1996, pág. 17.

de manera propositiva, el filósofo francés Jacques Derrida en una conferencia reciente sobre cosmopolitismo, en la cual sostiene que la hospitalidad es la cultura misma y no es una ética entre otras: en la medida en que atañe al *ethos*, a la morada, a la casa propia, a la residencia familiar tanto como a la manera de relacionarse consigo mismo y con los demás, con los demás como con los suyos o con los extraños, la ética es hospitalidad [39].

Una vez descrito de modo sinóptico el derecho internacional de la persona humana, es tiempo de presentar los sistemas y mecanismos de protección de los derechos en el contexto de la comunidad mundial, y la problemática empírica de las libertades fundamentales.

---

[39] J. DERRIDA, *Cosmopolitas de todos los países, ¡un esfuerzo más!*, Ediciones Cuatro, Valladolid 1996, pág. 41.

3
LA PRÁCTICA DE LAS LIBERTADES

Cuando los Estados asumen, mediante tratados multilaterales, obligaciones internacionales en materia de derechos humanos, contraen un tipo de compromiso complejo que implica tres cosas: que todos los individuos nacionales o extranjeros, eventualmente sujetos a la soberanía del Estado en cuestión, gozarán en la práctica de todas las libertades propias de la dignidad humana que la comunidad mundial ha definido como tales a través de sus instrumentos y organismos especializados; que esta obligación no está gobernada por el principio de reciprocidad, por cuanto no depende del cumplimiento o incumplimiento de los otros Estados y se contrae siempre en beneficio de terceros (los miembros de la familia humana); y que, además de garantizar los derechos, es responsabilidad de cada Estado rendir cuentas de su gestión humanitaria, porque las violaciones graves o sistemáticas de las libertades afectan al orden público internacional y la comunidad de las naciones civilizadas tiene, por tanto, interés legítimo para informarse e intervenir en estas materias. Para que los Estados cumplan con sus obligaciones humanitarias se han diseñado sistemas de protección de carácter jurisdiccional o cuasijurisdiccional que, a imagen y semejanza de las instituciones nacionales, contrastan la conducta de los gobernantes con los modelos normativos e imponen sanciones legales, pecuniarias o morales a aquellas autoridades que faltan a sus deberes e incurren en abusos contra la población confiada a sus cuidados. Se establece así, tanto en la organización mundial como en las organizaciones regionales, una dialéctica entre soberanía nacional y derechos humanos que está en el centro del debate político contemporáneo y que contiene la clave de nuestro destino en tanto proyecto común. Pues la única limitación estructural de la soberanía nacional que no sólo puede tolerarse sino que también debe promoverse es la que concierne al reconocimiento efectivo de la responsabilidad estatal en materia de derechos humanos. La soberanía no debe ser respetada más que cuando es en sí respetable, y no lo es cuando viola los deberes internacionales del Estado en el ámbito de la defensa del individuo y sus derechos [40].

Antes de presentar en sus aspectos principales los sistemas internacionales de protección de los derechos humanos que operan hoy en el mundo, empero, hay que tratar de precisar el concepto de «violación de derechos humanos» puesto que a partir de él se configura la responsabilidad internacional exigible en un momento y en un lugar determinados. ¿Quién viola los derechos humanos? Tal es la pregunta a la cual intenta responderse mediante la formulación y puesta en marcha de los sistemas de protección. Hasta hoy, la postura prevaleciente en la mayoría de los organismos y foros internacionales, tanto intergubernamentales como no gubernamentales, es la de que sólo el Estado viola los derechos humanos, por tres razones fundamentales: porque el Estado es quien negocia, suscribe y ratifica los instrumentos jurídicos por medio de los cuales se reconocen tales derechos; porque únicamente el Estado puede ser tenido como responsable legítimo de la salud pública de sus ciudadanos; y porque tan sólo las violaciones de derechos humanos imputables a agentes estatales generan responsabilidad jurídica internacional propiamente dicha. Pero se ha abierto ya el necesario debate en torno a la posibilidad de que sujetos distintos al Estado, como los grupos guerrilleros en países que padecen conflictos armados internos de carácter crónico, puedan considerarse en estricto derecho como responsables de violaciones de los derechos humanos de la población civil no combatiente. En tal caso, sin embargo, sería menester otorgar algún tipo de reconocimiento internacional a dichos sujetos no estatales para hacer efectiva su responsabilidad también internacional. De lo contrario, como ocurre todavía, la comunidad mundial prefiere

---

[40] Consuelo RAMÓN CHORNET, *¿Violencia necesaria? La intervención humanitaria en derecho internacional*, Trotta, Madrid 1995, pág. 27

hablar de infracciones graves al derecho humanitario y no de violaciones de los derechos humanos, toda vez que los ejércitos irregulares o grupos subversivos carecen en principio de personería jurídica internacional y constituyen más bien un desafío interno para ciertos Estados, los cuales pueden y deben reprimirlos por los medios policiales y judiciales propios del constitucionalismo democrático. La única excepción práctica de la que puede hablarse en la actualidad frente a la doctrina dominante es la que representan los dos tribunales penales internacionales creados por el Consejo de Seguridad de las Naciones Unidas para juzgar los crímenes de guerra en la antigua Yugoslavia y en Ruanda. En ambos casos, la comunidad mundial ha decidido exigir responsabilidad internacional a los distintos actores armados porque el orden político interno, y con él la tradicional responsabilidad estatal, desapareció en el tráfago de la guerra civil, por lo cual las atrocidades perpetradas arriesgaban quedar en la impunidad. Pero conviene advertir que los dos tribunales actúan en el marco de los cuatro Convenios de Ginebra de 1949 y sus dos Protocolos adicionales de 1977, lo que significa que su propósito es perseguir y sancionar infracciones graves al derecho humanitario, es decir, violaciones de las leyes y costumbres de la guerra, en lugar de violaciones de los derechos humanos [41] y, en consecuencia, que no se otorga reconocimiento internacional alguno a los presuntos criminales de guerra ruandeses y ex yugoslavos.

3.1 El sistema mundial de protección

El sistema mundial de protección de los derechos humanos está integrado por varias instituciones pertenecientes a las Naciones Unidas. Son ellas: la Comisión de Derechos

---

[41] La diferencia estriba en que las violaciones de los derechos humanos quebrantan las normas internacionales generales de derechos humanos, se imputan a los Estados y se sancionan por los organismos de protección de la ONU, la Unión Europea o la OEA, mientras que las infracciones graves al derecho humanitario quebrantan las normas internacionales especiales de derechos humanos, se imputan a los Estados y a sus enemigos armados y se sancionan por los tribunales penales nacionales o internacionales.

Humanos, la Subcomisión para la Prevención de la Discriminación y la Protección de las Minorías, el Centro de Derechos Humanos, el Alto Comisionado de las Naciones Unidas para los Derechos Humanos y el Comité del Pacto Internacional de Derechos Civiles y Políticos. En conjunto, estas cinco agencias forman el más extenso de los sistemas de protección, pues es el único que tiene jurisdicción sobre la casi totalidad de los países de la Tierra, pero también el más primitivo, ya que no ofrece las mismas garantías de acceso ni la misma fuerza decisoria que los dispositivos europeo e interamericano.

La Comisión de Derechos Humanos, en primer lugar, tiene sede en Ginebra, se reúne cada año a comienzos de la primavera durante seis semanas y es una emanación del Consejo Económico y Social de la Asamblea General. Está integrada por 43 miembros en representación de otros tantos gobiernos, según un sistema de cuotas por regiones, y tiene la condición de foro político, pues no puede imponer sanciones sino adoptar reco-

mendaciones cuyo cumplimiento queda a discreción de los Estados. Pero se trata del principal espacio de carácter público en la esfera internacional, y sus discusiones y pronunciamientos, aun cuando no poseen más que fuerza moral, influyen de manera decisiva en «la movilización de la vergüenza» en que la opinión pública humanitaria consiste, según la fórmula feliz de la jurista inglesa Rosalyn Higgins [42].

La Subcomisión para la Prevención de la Discriminación y la Protección de las Minorías, en segundo lugar, es un grupo de trabajo estrechamente vinculado a la Comisión. Sus 26 miembros son expertos independientes, que se reúnen cada año en el verano por el término de tres semanas y que enriquecen y profundizan la labor investigativa y deliberativa de la Comisión. Creadas en 1946 y 1947, respectivamente, la Comisión y la Subcomisión reciben quejas de individuos, ONG y gobiernos, relacionadas con violaciones de derechos humanos imputables a agentes estatales, y las tramitan

---

[42] R. HIGGINS, *Problems and process: International law and how we use it,* Clarendon Press, Oxford 1994, pág. 107.

mediante dos procedimientos principales: el de la Resolución 1235 de 1967, que es de carácter público, y el de la Resolución 1503 de 1970, que es de índole confidencial. En ambos casos, se documentan los hechos relativos a la arbitrariedad denunciada, se escuchan los argumentos de los gobiernos y de los damnificados, y se produce un pronunciamiento sobre si hay o no quebrantamiento de las normas internacionales por parte del Estado en cuestión. De encontrarse probada la responsabilidad internacional por violación de derechos humanos en un episodio específico, la declaración o el informe de la Comisión o de la Subcomisión incluyen precisas recomendaciones al gobierno de turno para que rectifique su conducta, sancione a los culpables, indemnice a las víctimas y garantice sus obligaciones humanitarias. Aunque en teoría algunas de las convenciones especializadas de las Naciones Unidas prevén el recurso a la Corte Internacional de Justicia cuando se presentan discrepancias sobre su interpretación o aplicación, en la inmensa mayoría de los casos incoados ante

la Comisión o la Subcomisión se emplean mecanismos extraconvencionales, que pueden ser de tres clases: los grupos de trabajo o equipos especializados, que se encargan de sustanciar algunos temas; los relatores especiales o delegados de la Comisión, que se dividen en temáticos o por países, según se ocupen de investigar a fondo el estado de ciertas prácticas violatorias más o menos generalizadas (ejecuciones extrajudiciales, desapariciones forzadas, torturas) o la situación de países concretos; y las acciones urgentes o gestiones de emergencia, en las cuales se sigue el ejemplo de las ONG para ofrecer una especie de recurso de amparo a las víctimas en coyunturas excepcionales.

El Centro de Derechos Humanos, en tercer lugar, es el equipo técnico y administrativo que apoya a la Comisión. Como resultado de la Conferencia de Viena en 1993, se creó la figura del Alto Comisionado de las Naciones Unidas para los Derechos Humanos. Este funcionario, que ostenta el rango de subsecretario general de la organización, dirige hoy toda la burocracia internacional especializada en derechos humanos que tiene asiento en Ginebra. Las primeras designaciones para el alto cargo han recaído en el diplomático ecuatoriano José Ayala Lasso y en la expresidenta irlandesa Mary Robinson. Quizá la única actuación de esta nueva dependencia que merece destacarse es la apertura, por primera vez en el mundo, de una oficina del Alto Comisionado en un país determinado, a fin de hacer un seguimiento de la situación interna y elaborar informes «analíticos» que contribuyan a la aplicación de las normas internacionales de protección. Se ha escogido a Colombia por tratarse de una nación que afronta una crisis de derechos humanos singularmente grave y compleja, al punto de que Gabriel García Márquez la ha calificado de «holocausto bíblico» [43]. Con todo, conviene aclarar que la iniciativa proviene del seno de la Comisión y es el resultado de un prolongado forcejeo entre las ONG de derechos humanos y el gobierno colombiano, que han acordado propiciar la creación de la oficina como

alternativa remedial que permita arbitrar una salida civilizada a la crisis, pues hasta ahora no se ha podido alcanzar un consenso en torno a la designación de un relator especial para Colombia.

El Comité del Pacto Internacional de Derechos Civiles y Políticos, en cuarto lugar, es el mecanismo previsto por el Protocolo Facultativo de dicho instrumento para conocer las denuncias por violaciones de sus cláusulas. Tiene sede en Nueva York, está integrado por 18 expertos independientes y formula opiniones y recomendaciones comparables a las de la Comisión en Ginebra.

No debe olvidarse la gestión de la Organización Internacional del Trabajo como agencia especializada de la ONU en el campo de la afirmación y difusión de los derechos laborales y sindicales, que se ha extendido también a los derechos de las mujeres y de las minorías étnicas, al igual que la labor de la UNESCO en materia de libertades culturales y educativas.

El sistema de protección de derechos humanos de la ONU adolece

---

[43] G. GARCÍA MÁRQUEZ, *Noticia de un secuestro*, Mandadori, Barcelona 1996, pág. 8.

de las mismas fallas estructurales del organismo dentro del cual se encuadra, es decir, el sesgo institucionalista y la incoercibilidad de las decisiones. En virtud de lo primero, los organismos de control y vigilancia de los derechos humanos están en manos de los mismos Estados que deben ser objeto de escrutinio y censura, y los individuos no pueden acceder directamente a ellos. Y en virtud de lo segundo, no existe autoridad jurisdiccional capaz de imponer sus decisiones a los Estados miembros, y el único organismo que puede hacer uso de la fuerza en la organización mundial, que es el Consejo de Seguridad, está controlado de manera antidemocrática por las cinco potencias victoriosas de la Segunda Guerra Mundial, las cuales no se distinguen propiamente por su adhesión incondicional al derecho internacional de los derechos humanos. De esta suerte, el único foro planetario se limita a hacer pronunciamientos políticos que por sí mismos no tienen ninguna eficacia punitiva o retributiva, a menos que vengan acompañados de sanciones diplomáticas

y comerciales de unos países por otros, y en tal caso no hay garantía de que dichas represalias, aun en la hipótesis de que sean merecidas o estén justificadas, provengan de un proceso legal y contribuyan a establecer o restablecer el imperio del derecho en la comunidad de los pueblos. Por el contrario, mientras no funcione un tribunal penal internacional de carácter permanente, independiente e imparcial, la posibilidad de exigir a los Estados el respeto efectivo de las libertades fundamentales en el ámbito global dependerá de equilibrios estratégicos y tácticos entre bloques regionales, y responderá a intereses de muy dudosa ortografía jurídica y moral.

3.2 El sistema europeo de protección

Como si se tratase de dar la razón a Hölderlin cuando decía que allí donde está el peligro surge también la salvación, Europa ha sido escenario de la mayor catástrofe humanitaria de la historia, que es el holocausto judío bajo la dictadura hitleriana durante la Segunda Guerra Mundial [44], y sin

---

[44]   El cronista mayor del holocausto ha escrito: «No obstante el

embargo, ha construido el más avanzado sistema de protección jurídica internacional de la persona humana de que tengamos noticia: «La Convención de Roma [de 1950] sobre la salvaguardia de los derechos del hombre y las libertades fundamentales representa el mayor avance realizado desde la aparición del Estado moderno para tutelar los derechos humanos en el plano internacional» [45].

El sistema europeo surge de la Convención de Roma y de sus once Protocolos modificatorios, y consta de dos instituciones centrales: la Comisión Europea de Derechos Humanos y el Tribunal Europeo de Derechos Humanos, cuya actividad se apoya parcialmente en el Comité de Ministros del Consejo de Europa. La gran virtud de este sistema, que lo distingue netamente del sistema mundial, tiene que ver con la legitimación en causa o, en términos laicos, la posibilidad de invocar y poner en marcha los procedimientos de protección que radica en cabeza de todos los hombres y las mujeres de Europa. Más aún, en esta categoría se consideran incluidos no sólo los nacionales sino también los extranjeros residentes y los transeúntes de los países de la Unión Europea en la medida en que sean víctimas de un desafuero imputable a un Estado miembro. Con la comparecencia directa de los individuos, que hoy opera ante la Comisión, el europeo es el primero de los tres sistemas internacionales de control y vigilancia que se acerca al ideal kantiano del derecho de hospitalidad universal propio de la ciudadanía cosmopolítica.

Además de la obligación de rendir infor-

---

horror de Hiroshima y Nagasaki, la vergüenza del *gulag*, la inútil y sangrienta campaña de Vietnam, el autogenocidio de Camboya, los desaparecidos en Argentina y las muchas guerras atroces y estúpidas a que hemos venido asistiendo, el sistema nazi de campos de concentración continúa siendo un *unicum* en cuanto a magnitud y calidad. En ningún otro tiempo y lugar se ha asistido a un fenómeno tan imprevisto y tan complejo: nunca han sido extinguidas tantas vidas humanas en tan poco tiempo, ni con una combinación tan lúcida de ingenio tecnológico, fanatismo y crueldad».

Primo Levi, *Los hundidos y los salvados*, Muchnik Editores, Barcelona 1995, págs. 19-20.

[45] Antonio Truyol y Serra, *Los derechos humanos*, Tecnos, Madrid 1994, pág. 54.

mes periódicos sobre su situación humanitaria, los países de la Unión están sujetos a la jurisdicción de la Comisión y del Tribunal, compulsiva en el caso de la primera y facultativa en el caso del segundo. Ambos organismos tienen sede en Estrasburgo y están compuestos de tantos individuos cuantos Estados miembros forman la comunidad europea. La Comisión ejerce funciones fiscales, es decir, de investigación y acusación, al paso que el Tribunal cumple funciones judiciales, es decir, de juzgamiento y sanción. El procedimiento suele ser, en líneas generales, el siguiente: una vez sustanciada la queja del particular, la ONG o el gobierno contra un determinado Estado por violación de los instrumentos regionales, se escuchan los argumentos de las partes y se redacta un informe sobre el fondo de la cuestión. En este punto del proceso, la Comisión tiene tres opciones: si considera que está probada en principio la responsabilidad estatal en el desaguisado, traslada el asunto al Tribunal para la iniciación del correspondiente juicio contencioso; si encuentra que no dispone de todos los

elementos de análisis, envía el caso al Comité de Ministros de Relaciones Exteriores del Consejo de Europa, el cual decide si hay o no lugar para pasar a la fase judicial; y si estima que tal es la vía más practicable, propone una solución amistosa o arreglo extrajudicial a las partes.

El Tribunal, por su parte, como ocurre por desgracia con todos los tribunales internacionales hasta el presente, es de jurisdicción voluntaria. Esto significa que sus sentencias no son obligatorias más que para aquellos Estados miembros que de manera voluntaria y explícita se sometan a su autoridad. En la práctica, todos los Estados que integran hoy la Unión Europea se han hecho parte del estatuto del Tribunal de Derechos Humanos de Estrasburgo, si bien algunos de ellos lo han hecho por períodos fijos o bajo condición de reciprocidad. Una vez incoado el proceso ante el órgano judicial, las partes se obligan a cumplir su decisión como la última palabra de las instituciones comunitarias. Se ha puesto en marcha ya una enmienda del Convenio de Roma (el Protocolo 9) por la cual la iniciativa procesal de los individuos se extiende al Tribunal y a toda la actuación judicial, y cursa otra (el Protocolo 11) que de ser ratificada permitiría unificar todo el procedimiento europeo de protección de derechos humanos en el Tribunal, de suerte que desaparecería la Comisión, se eliminaría la intervención del Comité de Ministros en estas materias y el órgano judicial tendría jurisdicción obligatoria. Con la modificación planteada y con otras aconsejables, como la de facultar al Tribunal para decretar medidas cautelares o providencias previas para desfacer los entuertos o restablecer los derechos, el sistema europeo puede llegar a consolidarse como el paradigma de los mecanismos de control y vigilancia de los derechos humanos en el *jus gentium* de nuestro tiempo.

3.3 El sistema interamericano de protección

A mitad de camino entre el sistema difuso de la ONU y el sistema concentrado de la Unión Europea, el de la Organización de Estados Americanos tiene instituciones y procedimientos similares al segundo pero ha funcionado hasta hace poco como el primero. De conformidad con la Declaración de Bogotá de 1948, el Pacto de San José de 1969 y el Protocolo de San Salvador de 1988, que son las fuentes del sistema interamericano o, como se decía antaño, del derecho internacional americano, los órganos de protección de los derechos humanos de los americanos son la Comisión Interamericana de Derechos Humanos y la Corte Interamericana de Derechos Humanos.

La Comisión tiene sede en Washington, donde funciona la Secretaría General de la organización regional, y consta de siete miembros elegidos para períodos de cuatro años por la Asamblea General, que representan de manera extraoficial a los principales sectores geográficos en que se divide el continente. Creada en 1959, empezó a operar realmente en 1967 como instancia de instrucción o investigación de las denuncias contra los Estados, y de acusación ante la Corte. Se reúne habitualmente durante dos semanas en primavera y dos en otoño y se pronuncia mediante informes acerca de los países o resoluciones sobre los casos concretos. Puede iniciar sus investigaciones por iniciativa propia o a petición de los particulares, las ONG o los gobiernos. Como sucede también ante las Naciones Unidas y la Unión Europea, para actuar ante el sistema de derechos humanos de la OEA se requiere probar el agotamiento de todos los recursos internos disponibles sin haber obtenido justicia, es decir, castigo para los responsables y reparación para las víctimas o sus familiares. Una vez surtido el trámite de cada queja, que es similar al que se sigue ante los foros europeo y mundial, la Comisión dicta una resolución en la cual determina, a la luz de los instrumentos regionales, si existe o no responsabilidad estatal en la violación denunciada. En caso afirmativo, se envía al gobierno en cuestión para que dé cumplimiento a la providencia, que habitualmente ordena sancionar a los funcionarios responsables de los abusos e indemnizar a los perjudicados. La decisión de la Comisión es obligatoria, puesto que se trata de una medida de ejecución de la Convención Americana de Derechos Humanos, que para estos efectos es el instrumento constitucional del sistema. En el caso de que el Estado cuestionado se hurte a su obligación, la Comisión puede optar por remitir el asunto al conocimiento de la Corte. En otros casos, antes de la remisión de la resolución al Estado responsable, la Comisión tiene la facultad de proponer a las partes un arreglo extrajudicial de carácter económico, que suele inhibir la actuación judicial posterior.

La Corte Interamericana de Derechos Humanos sesiona dos o tres veces al año, por una o dos semanas cada vez, en San José de Costa Rica. Se compone de siete jueces designados por la Asamblea General para períodos de seis años, en representación extraoficial de las regiones de América. Su jurisdicción es voluntaria, pues requiere la adhesión de cada Estado de la organización. Actualmente, sólo diecisiete de los treinta y cuatro Estados de la OEA se han hecho parte del Estatuto de la Corte. Son: Argentina, Bolivia, Colombia, Costa Rica, Chile, Ecuador, El Salvador, Guatemala, Honduras, Panamá, Paraguay, Perú, Surinam, Trinidad y Tobago, Uruguay y Venezuela. Las decisiones de este tribunal se denominan opiniones, como en la tradición judicial norteamericana, y pueden versar sobre asuntos contenciosos o consultivos. En el primer caso, la Corte interpreta y aplica con autoridad la Convención Americana, y sus sentencias son definitivas e inapelables. En el segundo caso, la Corte ejerce un magisterio moral que se considera aplicable incluso a los Estados que no son parte en la Convención. Un fallo condenatorio comporta tres aspectos: la declaración de responsabilidad internacional por violación de derechos humanos en cabeza del Estado infractor; la imposición de la obligación de castigar a los agentes responsables de la infracción; y la imposición de la obligación de indemnizar a las víctimas de la violación por la falla en el servicio público en que ésta consiste. Igual que en el sistema europeo, una sentencia de la Corte de San José en materia contenciosa tiene fuerza ejecutiva interna, esto es, puede y debe cumplirse en el territorio del Estado afectado como si fuese proferida por su propio Tribunal Supremo.

En el último lustro, los órganos de protección de derechos humanos del sistema interamericano han asumido una actitud mucho más comprometida de cara a los gobiernos de la región, algunos de los cuales enfrentan situaciones muy negativas en materia de libertades públicas, y han incrementado en forma notable sus informes y opiniones de carácter contencioso. La Comisión trabaja hoy estrechamente con las ONG y ha cumplido una valiosa experiencia de mediación en algunos casos nacionales graves que estaban en la impunidad. Y la Corte ha proferido cerca de diez sentencias condenatorias contra varios Estados latinoamericanos responsables de abusos atroces y les ha impuesto cuantiosas indemnizaciones en favor de las víctimas. En estas decisiones y en toda su jurisprudencia, el tribunal de la OEA ha subrayado dos postulados vertebrales del derecho internacional de los derechos humanos, a saber: que esta normatividad no está gobernada por el principio de reciprocidad, ya que su propósito es proteger a los seres humanos y no a los Estados; y que la interpretación y aplicación de esa legalidad han de llevarse a cabo con base en la llamada cláusula del individuo más favorecido o, de conformidad con el artículo 31 de la Convención de Viena sobre derecho de los tratados, en una perspectiva humanista y humanitaria.

3.4 Las organizaciones no gubernamentales

Nuestra época ha inventado esas curiosas entidades que, en virtud de una desafortunada definición de la burocracia internacional, se conocen con la denominación negativa de organizaciones no gubernamentales cuando deberían llamarse más bien, en términos positivos, organizaciones de la sociedad civil. Pues constituyen las expresiones autónomas de la ciudadanía en su legítimo afán por defender sus derechos y al mismo tiempo intervenir o al menos influir en el proceso de toma de decisiones públicas. Netamente diferenciadas de los partidos políticos y de las empresas comerciales e industriales por cuanto no aspiran a ejercer el poder del Estado ni a participar en el circuito económico, las ONG combinan aspectos de los movimientos sociales y de los grupos de presión. De los primeros tienen el origen, que casi siempre hay que buscar en la opinión pública, y la fluidez o informalidad en la manera de organizarse y actuar. De los segundos toman la especialización y el profesionalismo en el trabajo. Pero su enorme diversidad las hace, en último término, refractarias a toda clasificación. Lo mejor que puede decirse de ellas es que constituyen un signo de los tiempos en la medida en que expresan muchas de las contradicciones de las democracias contemporáneas, como la coexistencia del altruismo con el egoísmo o del cosmopolitismo con el espíritu de la tribu. Las ONG también viven en carne propia la paradoja de los derechos humanos: la posibilidad misma de que exista una sociedad abierta y pluralista, en la cual convivan las libertades y las justicias, las mayorías y las minorías, depende de que el proyecto democrático sea compartido por todos o por los más; pero la construcción y la administración de un orden tal exige por fuerza el fomento de la diversidad e incluso de la fragmentación entre los individuos y los grupos. La solidaridad no puede edificarse más que a partir de la soledad porque ella es la savia de la libertad.

Quizá la primera referencia a las ONG en el marco del derecho internacional es la que aparece en el artículo 71 de la Carta de las Naciones Unidas, que dice: «El Consejo Económico y Social (ECOSOC) podrá hacer arreglos adecuados para celebrar consultas con organizaciones no gubernamentales que se ocupen de asuntos de la competencia del Consejo». Más de dos decenios después, la Resolución 1296 de 1968 establece una reglamentación para las relaciones de dichas organizaciones con el ECOSOC y sus grupos de trabajo, entre los cuales se destaca la Comisión de Derechos Humanos. En tal virtud, a lo largo de los últimos treinta años se ha producido una proliferación de grupos de presión y de interés en todos los campos de actuación de la organización mundial y muy especialmente en el de los derechos humanos, debido a la consuetudinaria indefensión en que se encuentran los individuos frente a sus propios Estados y la consiguiente internacionalización de la

temática humanitaria. Las ONG de derechos humanos, que son legión, constituyen hoy una especie de parlamento en la sombra de la sociedad civil internacional, que no ha logrado incorporarse de manera formal al elenco institucional del sistema de la ONU pero que actúa como interlocutor privilegiado de la agencia mundial. Lo propio puede predicarse de las organizaciones que litigan ante la Unión Europea y ante la OEA. Con o sin estatuto consultivo ante los sistemas de protección, las ONG han conseguido ventilar muchos episodios de intolerancia y de violencia que sin su celo habrían permanecido impunes, han promovido cambios normativos y ajustes políticos de envergadura en los organismos intergubernamentales, y se han convertido en una experiencia viviente de democracia participativa sin la cual las relaciones internacionales seguirían siendo tan sólo el campo de batalla de los poderosos de la tierra.

Entre las numerosas ONG que actúan hoy en la arena exterior, cabe mencionar algunas que se destacan por su influencia o por su trayectoria: Amnistía Internacional, Comisión Internacional de Juristas, Human Rights Watch y Liga Internacional de los Derechos y la Liberación de los Pueblos, entre las de ámbito internacional, y Comisión Andina de Juristas, Federación Latinoamericana de Asociaciones de Familiares de Detenidos-Desaparecidos e Instituto Interamericano de Derechos Humanos, entre las de ámbito regional, en este caso latinoamericano. Unas se especializan en ciertos tipos de violaciones, mientras que otras se dedican a la educación, la investigación y la gestión jurídica. El ejemplo de Amnistía Internacional resulta paradigmático. Fundada hacia 1962 en Londres por Peter Benenson, un abogado conmovido por la detención arbitraria de dos estudiantes portugueses cuando brindaban por la libertad y contra la dictadura de Oliveira Salazar en un café de Lisboa, ha recibido dos veces el Premio Nobel de la Paz y cuenta con más de un millón de miembros en 192 países. Se dedica a promover la defensa y protección de los derechos consagrados en la Declaración Universal de 1948, y en especial a combatir la pena de muerte y la persecución de los prisioneros de conciencia, es decir, quienes sin haber empleado ni invocado la violencia son hostigados o encarcelados por sus convicciones. Sus informes anuales sobre el estado de los derechos humanos en el mundo, así como sus documentos especiales acerca de la condición de ciertos países o la situación de algunas libertades, tienen enorme influencia en la formación y orientación de la opinión pública internacional, y constituyen fuente de consulta obligada de organismos intergubernamentales, cancillerías, ONG y universidades. Atacada sin pudor por gobiernos y ejércitos de regímenes autoritarios, y defendida con pasión por exiliados y perseguidos de todas las persuasiones, Amnistía Internacional es la más importante ONG de derechos humanos en el mundo y un actor clave en la política internacional contemporánea. Tan grande es su influencia que la factibilidad misma del proyecto de un Tribunal Penal Internacional de carácter permanente depende probablemente de la campaña mundial de apoyo a dicha iniciativa que ha lanzado y encabeza la organización con sede en Londres.

En la historia reciente de algunos países, el derrocamiento de la dictadura y la transición a la democracia se han sustentado en buena parte en el trabajo admirable de ONG como la Vicaría de la Solidaridad en Chile o las Abuelas y Madres de la Plaza de Mayo en Argentina, sin olvidar la experiencia de Solidaridad, el sindicato que dirigió el proceso de democratización en Polonia, o Carta 77, el grupo de intelectuales disidentes que propiciara la «revolución de terciopelo» en la antigua Checoslovaquia. Episodios aún más próximos, al punto de que no han concluido todavía, como el de la coalición Unidos en Serbia o el proceso de paz y reconciliación nacional en Guatemala, ponen de manifiesto otra vez la capacidad de la sociedad civil para movilizarse, defender los fueros comunes y reorientar el destino colectivo. Ello no quiere decir que las ONG pueden o deben sustituir a los partidos políticos en la representación de los intereses colectivos como alternativas de poder y de orden, sino que su abogacía del común se ha tornado indispen-

sable para los ciudadanos del mundo.

Del mismo modo que los partidos han sido reconocidos por las constituciones como agentes legítimos de los distintos sectores sociales y controlan hoy los órganos legislativos de casi todos los Estados nacionales y de alguna institución supranacional como el Parlamento Europeo, las ONG de todas las tendencias deben ser reconocidas por los regímenes políticos y por la comunidad internacional. De esta manera, su interlocución con los unos y con la otra será cada vez más productiva para la promoción del desarrollo y la democracia en general, y para la defensa y protección de la dignidad humana en particular.

3.5 El estado de los derechos humanos en el mundo

No bien se contempla la suerte de la dignidad humana y de los derechos que de ella emanan en el mundo contemporáneo, parece advertirse una relación inversamente proporcional entre el discurso y la práctica. Mientras más prolifera el primero menos satisfactoria resulta la segunda. Los grandes avances científicos y tecnológicos no guardan armonía con el progreso político y moral, y las promesas de la Ilustración, dos siglos después, se estrellan contra los hechos, que son tozudos: los regímenes autoritarios y los conflictos armados producen anualmente miles de asesinatos, torturas, desapariciones forzadas y otras arbitrariedades. Peor aún, estos abusos de los gobiernos o de los grupos guerrilleros no sólo niegan en la práctica lo que se proclama en la teoría o en la ley, sino que hacen la vida breve, brutal e insoportable, de acuerdo con la memorable frase de Hobbes al describir la existencia durante la guerra civil que devastara a Inglaterra entre 1640 y 1660 [46].

Según el último informe anual de Amnistía Internacional, se registran violaciones más o menos graves de los derechos humanos en 146 países, y en la mayoría de ellos los atropellos son imputables a la acción u omisión de las autoridades. En un porcentaje apreciable de los Estados, de una tercera parte a la mitad, las violaciones son frecuentes y extendidas. Y en un puñado de casos, las violaciones tienen carácter masivo o sistemático y configuran estados de violencia estructural o endémica de extrema gravedad. Tales países, que constituyen hoy la preocupación dominante de la comunidad internacional de derechos humanos, son Argelia, Colombia, Indonesia y Timor Oriental, India y Turquía [47]. Podría ser útil dar una idea sumaria de la crisis humanitaria en cada uno de estos seis países, no sólo por su severidad sino además por su carácter ejemplar en el sentido más negativo del término.

Argelia, el país árabe del noroccidente de África que había conocido ya extremos de barbarie bajo la dominación colonial francesa y durante su guerra de independencia, vive desde hace varios años un enconado y oneroso duelo entre el gobierno autoritario del general Zerual y la oposición violenta del islamismo radical. A la falta de garantías procesales por parte del Estado se suma la estrategia terrorista del fundamentalismo mu-

---

[46] Thomas HOBBES, *Behemoth*, Tecnos, Madrid 1992.
[47] Amnistía Internacional, *Informe 1996,* El País-Aguilar, Madrid 1996, pág. 62.

sulmán, con los consiguientes estragos en la población civil.

Colombia, tras la puesta en marcha del proceso de reconciliación nacional en Guatemala, es el único país de América Latina que padece todavía los rigores de una guerra de guerrillas de carácter crónico y múltiple. Con el más alto índice de homicidios dolosos y de secuestros en el mundo, esta república suramericana no ha logrado convertir en realidad democrática las promesas de su antiguo constitucionalismo y se debate hoy entre una corrupción política que alcanza los más altos niveles del Estado y una impunidad judicial que se calcula en el 97 % de todos los crímenes denunciados.

Indonesia, el país musulmán más grande de Asia, está gobernado por un régimen autoritario responsable de miles de abusos desde la época del exterminio de la oposición comunista en los años sesenta. Y mantiene en Timor Oriental una de las pocas situaciones de colonialismo salvaje que quedan en el planeta, como se ha puesto en evidencia con el otorgamiento del Premio Nobel de la Paz en 1996 a dos dirigentes de la resistencia timorense. En ambos frentes, el metropolitano y el colonial, el desempeño humanitario del régimen indonesio es desastroso.

En la India y especialmente en los territorios de Cachemira y Jammu, el estado de las libertades es uno de los peores del mundo debido a los excesos perpetrados contra los civiles desarmados o terceros inocentes por el gobierno federal y por los guerrilleros separatistas. Dichos excesos incluyen ejecuciones extrajudiciales, desapariciones forzadas y torturas que afectan a amplios sectores de la población y que se castigan poco o nada.

Turquía, por fin, es el sexto país en la lista de la infamia de Amnistía Internacional por cuanto el régimen de Ankara, pese a la intensa presión externa, no ha abandonado su tratamiento sistemáticamente violento de la oposición política y de la minoría nacional kurda. En este último caso, Turquía tiene la parte del león dentro de su territorio, pero la responsabilidad por los continuos atropellos contra los kurdos incumbe también a Irán, Irak y Siria.

En este rápido vistazo no podía faltar la mención de otros Estados cuya gestión en materia de derechos humanos clama reparación al cielo: Afganistán, devastado por la guerra civil entre grupos radicales islámicos, tras la desdichada intervención abierta de la antigua Unión Soviética y encubierta de los Estados Unidos en la década pasada; Ruanda y Burundi, los dos países de la región de los grandes lagos africanos que han sufrido una de las peores carnicerías tribales de la historia gracias a las secuelas del colonialismo europeo y a los odios ancestrales entre las etnias hutu y tutsi; Chechenia, la pequeña república del Cáucaso cuya lucha de independencia dio origen a un desastre humanitario debido a la política imperial de Moscú; China, el gigante de Asia, cuyos excesos en materia judicial, penitenciaria y de tratamiento de la oposición permanecen en la mayor impunidad merced a la doble moral de los países industrializados de Europa occidental y de América del Norte; y la antigua Yugoslavia; cuya desintegración se ha cumplido al precio de una guerra civil plagada de atroci-

dades como no se veían en Europa desde la Segunda Guerra Mundial. Estos y otros casos, como los de Birmania o Myanmar, Chad, Liberia, Sudán, Líbano y los territorios palestinos ocupados por Israel y Haití, que cualquier lector de periódico o espectador de televisión conoce bien, ilustran la descaecida condición de la dignidad humana en el umbral del tercer milenio de la era cristiana.

Por desgracia, frente a este calamitoso panorama no hay recetas fáciles ni fórmulas simples. La civilización, es decir, la desmilitarización de las relaciones entre los individuos y los grupos humanos, es una tarea de largo aliento, que pasa por la educación ciudadana, la justicia socioeconómica y la democracia política, y que por tanto demanda el esfuerzo de generaciones enteras en la construcción de instituciones, en la formación de hábitos y en la exaltación de valores. Como ha señalado el jurista italiano Antonio Cassese, presidente del Tribunal Penal Internacional para la antigua Yugoslavia, lo único que los hombres y las mujeres de buena voluntad pueden hacer al respecto es insistir, a pesar de los obstáculos y los peligros que nos acechan, en una paciente y discreta labor cotidiana: la obstinada protesta contra lo inaceptable, para contribuir a la reducción, así sea en una fracción infinitesimal, del sufrimiento tan difundido en el mundo y lograr que sea menos deprimente el balance de nuestra jornada [48].

---

[48] A. CASSESE, *Los derechos humanos en el mundo contemporáneo*, Ariel, Barcelona 1993, pág. 263.

Epílogo
LA ÉTICA DE LA DEMOCRACIA

Cuando se contrastan la teoría, la legislación y la práctica de los derechos humanos, surgen varias cuestiones fronterizas que pueden contribuir al esclarecimiento de las contradicciones y paradojas planteadas aquí. Dos de tales cuestiones resultan de particular interés: la intervención humanitaria y la dialéctica entre deberes y derechos. Esta introducción quedaría inconclusa sin aludir brevemente a ellas.

Aunque se acepte de buen grado que los dos principios constitucionales del orden internacional son la soberanía de los Estados y los derechos humanos, hay que admitir a continuación que las relaciones entre ellos están lejos de ser pacíficas y que en la política de los Estados y de los organismos intergubernamentales, tal como se practica y no como se predica, el primero suele prevalecer sobre el segundo. De ahí que el sistema de protección de derechos humanos de la ONU carezca todavía de un tribunal, que los sistemas europeo e interamericano cuenten con tribunales de jurisdicción voluntaria y que la presión de la opinión pública y de las ONG sea descalificada con frecuencia por conspirativa o subversiva. Con todo, este arraigado prejuicio a favor del Estado y de su soberanía, que se reputan intangibles, se ve cada vez más cuestionado por las grandes crisis humanitarias de nuestro tiempo, frente a las cuales la mala conciencia de la comunidad internacional pugna por traducirse en una acción concreta contra la barbarie. Tal es el fondo de la cuestión en la llamada intervención o injerencia humanitaria, que es el presunto derecho de la comunidad internacional para intervenir por razones de humanidad en un país determinado, más allá de los mecanismos y procedimientos rutinarios de control y vigilancia que rigen para el común de los casos. Sorprendentemente, el tema no es nuevo. En 1876, un olvidado jurista de apellido Arntz escribía:

> Cuando un gobierno, actuando dentro de los límites de sus derechos de soberanía, viola los derechos de la humanidad, ya sea mediante medidas contrarias al inte-

rés de los demás Estados, ya sea por exceso de injusticia o crueldad que hieren profundamente nuestras costumbres y nuestra civilización, el derecho de intervención es legítimo porque, por muy respetables que sean los derechos de soberanía e independencia de los Estados, hay algo más respetable aún: el derecho de la humanidad o de la sociedad humana, que no debe ser violado [49].

Concebida en estos términos, la intervención humanitaria puede ser aceptada por todo aquel que esté a favor de los derechos humanos. La dificultad radica en determinar quién puede ejercerla y de qué manera. El mismo autor decimonónico responde a la primera pregunta al agregar que «la humanidad no puede estar representada más que por todos los Estados o al menos por un número muy grande de ellos, que deben reunirse en un congreso o en un tribunal para adoptar una decisión colectiva» [50]. Este argumento referente a la legitimidad democrática que proviene de las decisiones mayoritarias alienta detrás de la idea de una jurisdicción humanitaria internacional de naturaleza obligatoria. Se puede ir más lejos aún para sostener que, ante circunstancias objetivas de barbarie que no puedan superarse mediante los sistemas regulares de protección, la comunidad internacional tiene no sólo el derecho sino también la obligación de intervenir. Pero tal intervención, y ésta sería la respuesta a la segunda pregunta, ha de ser preferiblemente de índole jurídica, política o diplomática. En otras palabras, no podría ser física o militar más que en casos excepcionales, catastróficos, como el de los grandes lagos africanos, y en tal evento el ejercicio de la coacción debe confiarse a fuerzas multinacionales controladas por la organización mundial o regional responsable. Cualquier otra intervención tendría características de ocupación o invasión extranjera y sería inaceptable desde todo punto de vista.

La segunda cuestión fronteriza cuya discusión permite atar algunos cabos sueltos en la reflexión sobre los derechos humanos concierne a las relaciones entre éstos y los deberes que nos incumben a todos. Se oye a menudo que hay demasiado énfasis en los derechos y muy poco o incluso ninguno en

---

[49] Citado por C. RAMÓN CHORNET, *op. cit.*, pág. 45.
[50] *Idem, ibídem.*

los deberes. No se requiere compartir la nostalgia de autoridad o de orden que subyace en esta queja para reconocer que apunta a una realidad: el desequilibrio entre la fuerza centrífuga de las libertades y la fuerza centrípeta de las obligaciones. Sin entrar en el arduo debate filosófico sobre la naturaleza profunda de la libertad humana, conviene recordar que derecho y deber son como las dos caras de la misma moneda, el anverso y el reverso de nuestra conciencia moral en tanto creadora de lazos de afecto, de sentido y de solidaridad con las otras conciencias y con el mundo. En un fragmento luminoso de sus *Carnets* póstumos, que acaban de traducirse y publicarse en castellano, Albert Camus nos brinda quizá la clave del problema: «Si la preocupación por el deber disminuye es porque cada vez se tienen menos derechos. Sólo tiene la fuerza de cumplir con su deber quien es intransigente en cuanto a sus derechos» [51]. Dos ideas fundamentales se recogen en este aforismo ejemplar: la conciencia del deber procede de la experiencia del derecho; y la decisión de pagar la deuda de civilidad que tenemos contraída con los demás por el solo hecho de vivir en sociedad se alimenta del valor civil con que seamos capaces de defender nuestros fueros. En otras palabras, puesto que es más factible y deseable a la vez estimular que imponer, si queremos formar en el deber debemos educar en la libertad y para la libertad. Sólo en libertad la obligación es una opción y no una imposición, una bendición y no una maldición. Y con idéntica lógica, si aspiramos a suscitar hábitos de responsabilidad y solidaridad hacia los otros, hemos de adquirir la costumbre de la dignidad, del andar erguido, como única fuente de nuestra energía vital. Sólo el saber de nuestra propia valía nos hará leve la carga de compartir la vida y el mundo con los demás hombres y mujeres que habitan este planeta.

Los derechos humanos son la ética de la democracia porque constituyen esas reglas sin las cuales el juego mismo de la convivencia carece de contenido valorativo e ideal y resulta indigno, inferior a nuestra condición moral común, y no merece por tanto la pena de ser jugado.

---

[51] A. CAMUS, *Obras, 5,* Alianza Editorial, Madrid 1996, pág. 261.

Apéndice
DECLARACIÓN UNIVERSAL
DE LOS DERECHOS HUMANOS
DE 10 DE DICIEMBRE DE 1948

Preámbulo

Considerando que la libertad, la justicia y la paz en el mundo tienen por base el reconocimiento de la dignidad intrínseca y de los derechos iguales e inalienables de todos los miembros de la familia humana,

Considerando que el desconocimiento y el menosprecio de los derechos humanos han originado actos de barbarie ultrajantes para la conciencia de la humanidad; y que se ha proclamado, como la aspiración más elevada del hombre, el advenimiento de un mundo en el que los seres humanos, liberados del temor y de la miseria, disfruten de la libertad de palabra y de la libertad de creencias,

Considerando esencial que los derechos humanos sean protegidos por un régimen de derecho, a fin de que el hombre no se vea compelido al supremo recurso de la rebelión contra la tiranía y la opresión,

Considerando que los pueblos de las Naciones Unidas han reafirmado en la Carta su fe en los derechos fundamentales del hombre, en la dignidad y el valor de la persona humana y en la igualdad de derechos de hombres y mujeres; y se han declarado resueltos a promover el progreso social y a elevar el nivel de vida dentro de un concepto más amplio de la libertad,

Considerando que los Estados miembros se han comprometido a asegurar, en cooperación con la Organización de las Naciones Unidas, el respeto universal y efectivo a los derechos y libertades fundamentales del hombre, y

Considerando que una concepción común de estos derechos y libertades es de la mayor importancia para el pleno cumplimiento de dicho compromiso,

La Asamblea General proclama

La presente Declaración Universal de Derechos Humanos como ideal común por el que todos los pueblos y naciones deben esforzarse, a fin de que tanto los individuos como las instituciones, inspirándose constantemente en ella, promuevan, mediante la enseñanza y la educación, el respeto a estos derechos y libertades, y aseguren, por medidas progresivas de carácter nacional e internacional, su reconocimiento y aplicación universales y efectivos, tanto entre los pueblos de los Estados miembros como entre los de los territorios colocados bajo su jurisdicción.

Artículo 1. Todos los seres humanos nacen libres e iguales en dignidad y derechos y, dotados como están de razón y conciencia, deben comportarse fraternalmente los unos con los otros.

Artículo 2. 1. Toda persona tiene todos los derechos y libertades proclamados en esta Declaración, sin distinción alguna de raza, color, sexo, idioma, religión, opinión política o de cualquier otra índole, origen nacional o social, posición económica, nacimiento o cualquier otra condición.

2. Además, no se hará distinción alguna fundada en la condición política, jurídica o internacional del país o territorio de cuya jurisdicción dependa una persona, tanto si se trata de un país independiente como de un territorio bajo administración fiduciaria, no autónomo o sometido a cualquier otra limitación de soberanía.

Artículo 3. Todo individuo tiene derecho a la vida, a la libertad y a seguridad de su persona.

Artículo 4. Nadie estará sometido a esclavitud ni a servidumbre; la esclavitud y la trata de esclavos están prohibidas en todas sus formas.

Artículo 5. Nadie será sometido a torturas ni a penas o tratos crueles, inhumanos o degradantes.

Artículo 6. Todo ser humano tiene derecho, en todas partes, al reconocimiento de su personalidad jurídica.

Artículo 7. Todos son iguales ante la ley y tienen, sin distinción, derecho a igual protección de la ley. Todos tienen derecho a igual protección contra toda discriminación que infrinja esta Declaración y contra toda provocación a tal discriminación.

Artículo 8. Toda persona tiene derecho a un recurso efectivo, ante los tribunales nacionales competentes, que la ampare contra actos que violen sus derechos fundamentales reconocidos por la constitución o por la ley.

Artículo 9. Nadie podrá ser arbitrariamente detenido, preso ni desterrado.

Artículo 10. Toda persona tiene derecho, en condiciones de plena igualdad, a ser oída públicamente y con justicia por un tribunal independiente e imparcial, para la determinación de sus derechos y obligaciones o para el examen de cualquier acusación contra ella en materia penal.

Artículo 11. 1. Toda persona acusada de delito tiene derecho a que se presuma su inocencia mientras no se pruebe su culpabilidad, conforme a la ley y en juicio público en el que se le hayan asegurado las garantías necesarias para su defensa.

2. Nadie será condenado por actos u omisiones que en el momento de cometerse no fueron delictivos según el derecho nacional e internacional. Tampoco se impondrá pena más grave que la aplicable en el momento de la comisión del delito.

Artículo 12. Nadie será objeto de injerencias arbitrarias en su vida privada, su familia, su domicilio o su correspondencia, ni de ataques a su honra o a su reputación. Toda persona tiene derecho a la protección de la ley contra tales injerencias o ataques.

Artículo 13. 1. Toda persona tiene derecho a circular libremente y a elegir su residencia en el territorio de un Estado.

2. Toda persona tiene derecho a salir de cualquier país, incluso del propio, y a regresar a su país.

Artículo 14. 1. En caso de persecución, toda persona tiene derecho a buscar asilo, y a disfrutar de él, en cualquier país.

Artículo 15. 1. Toda persona tiene derecho a una nacionalidad.

2. A nadie se privará arbitrariamente de su nacionalidad ni del derecho a cambiar de nacionalidad.

Artículo 16. 1. Los hombres y mujeres, a partir de la edad núbil, tienen derecho, sin restricción alguna por motivos de raza, nacionalidad o religión, a casarse y fundar familia; y disfrutarán de iguales derechos en cuanto al matrimonio, durante el matrimonio y en caso de disolución del matrimonio.

2. Sólo mediante libre y pleno consentimiento de los futuros esposos podrá contraerse el matrimonio.

3. La familia es el elemento natural y fundamental de la sociedad y tiene derecho a la protección de la sociedad y del Estado.

Artículo 17. 1. Toda persona tiene derecho a la propiedad, individual y colectivamente.

2. Nadie será privado arbitrariamente de su propiedad.

Artículo 18. Toda persona tiene derecho a la libertad de pensamiento, de conciencia y de religión; este derecho incluye la libertad de cambiar de religión o de creencia, así como la libertad de manifestar su religión o su creencia, individual y colectivamente, tanto en público como en privado, por la enseñanza, la práctica, el culto y la observancia.

Artículo 19. Todo individuo tiene derecho a la libertad de opinión y de expresión; este derecho incluye el de no ser molestado a causa de sus opiniones, el de investigar y recibir informaciones y opiniones y el de difundirlas, sin limitación de fronteras, por cualquier medio de expresión.

Artículo 20. 1. Toda persona tiene derecho a la libertad de reunión y de asociación pacíficas.

2. Nadie podrá ser obligado a pertenecer a una asociación.

Artículo 21. 1. Toda persona tiene derecho a participar en el gobierno de su país, directamente o por medio de representantes libremente escogidos.

2. Toda persona tiene el derecho de acceso, en condiciones de igualdad, a las funciones públicas de su país.

3. La autoridad del pueblo es la base de la autoridad del poder público; esta voluntad se expresará mediante elecciones auténticas que habrán de celebrarse periódicamente, por sufragio universal e igual y por voto secreto u otro procedimiento equivalente que garantice la libertad del voto.

Artículo 22. Toda persona, como miembro de la sociedad, tiene derecho a la seguridad social, y a obtener, mediante el esfuerzo nacional y la cooperación internacional, habida cuenta de la organización y los recursos de cada Estado, la satisfacción de los derechos económicos, sociales y culturales, indispensables a su dignidad y al libre desarrollo de su personalidad.

Artículo 23. 1. Toda persona tiene derecho al trabajo, a la libre elección de su trabajo, a condiciones equitativas y satisfactorias de trabajo y a la protección contra el desempleo.

2. Toda persona tiene derecho, sin discriminación alguna, a igual salario por trabajo igual.

3. Toda persona que trabaja tiene derecho a una remuneración equitativa y satisfactoria, que le asegure, así como a su familia, una existencia conforme a la dignidad humana y que será completada, en caso necesario, por cualesquiera otros medios de protección social.

4. Toda persona tiene derecho a fundar sindicatos y a sindicarse para la defensa de sus intereses.

Artículo 24. Toda persona tiene derecho al descanso, al disfrute del tiempo libre, a una limitación razonable de la duración del trabajo y a vacaciones periódicas pagadas.

Artículo 25. 1. Toda persona tiene derecho a un nivel de vida adecuado que le asegure, así como a su familia, la salud y el bienestar, y en especial, la alimentación, el vestido, la vivienda, la asistencia médica y los servicios sociales necesarios; tiene, asimismo, derecho a los seguros en caso de desempleo, enfermedad, invalidez, viudez, vejez u otros casos de pérdida de sus medios de subsistencia por circunstancias independientes de su voluntad.

2. La maternidad y la infancia tienen derecho a cuidados y asistencia especiales. Todos los niños, nacidos de matrimonio o fuera de matrimonio, tienen derecho a igual protección social.

Artículo 26. 1. Toda persona tiene derecho a la educación. La educación debe ser gratuita, al menos en lo concerniente a la instrucción elemental y fundamental. La instrucción elemental será obligatoria. La instrucción técnica y profesional habrá de ser generalizada; el acceso a los estudios superiores será igual para todos, en función de los méritos respectivos.

2. La educación tendrá por objeto el pleno desarrollo de la personalidad humana y el fortaleci-

miento del respeto a los derechos humanos y a las libertades fundamentales; favorecerá la comprensión, la tolerancia y la amistad entre todas las naciones y todos los grupos étnicos o religiosos; y promoverá el desarrollo de las actividades de las Naciones Unidas para el mantenimiento de la paz.

3. Los padres tendrán derecho preferente a escoger el tipo de educación que habrá de darse a sus hijos.

Artículo 27. 1. Toda persona tiene derecho a tomar parte libremente en la vida cultural de la comunidad, a gozar de las artes y a participar en el progreso científico y en los beneficios que de él resulten.

2. Toda persona tiene derecho a la protección de los intereses morales y materiales que le correspondan por razón de las producciones científicas, literarias o artísticas de que sea autora.

Artículo 28. Toda persona tiene derecho a que se establezca un orden social e internacional en el que los derechos y libertades proclamados en esta Declaración se hagan plenamente efectivos.

Artículo 29. 1. Toda persona tiene deberes respecto a la comunidad puesto que sólo en ella puede desarrollar libre y plenamente su personalidad.

2. En el ejercicio de sus derechos y en el disfrute de sus libertades, toda persona estará solamente sujeta a las limitaciones por la ley con el único fin de asegurar el reconocimiento y el respeto de los derechos y libertades de los demás, y de satisfacer las justas exigencias de la moral, del orden público y del bienestar general de una sociedad democrática.

3. Estos derechos y libertades no podrán en ningún caso ser ejercidos en oposición a los propósitos y principios de las Naciones Unidas.

Artículo 30. Nada en la presente Declaración podrá interpretarse en el sentido de que confiere derecho alguno al Estado, a un grupo o a una persona, para emprender y desarrollar actividades o realizar actos tendentes a la supresión de cualquiera de los derechos y libertades proclamados en esta Declaración.

BIBLIOGRAFÍA

Beverly ALLEN, *Rape warfare: The hidden genocide in Bosnia-Herzegovina and Croatia*, University of Minnesota, Minneapolis 1996.

Hannah ARENDT, *Eichmann en Jerusalén: un estudio sobre la banalidad del mal*, Lumen, Barcelona 1967.

Hannah ARENDT, *Los orígenes del totalitarismo*, 3 vols., Alianza Editorial, Madrid 1981 y 1982.

Miguel ARTOLA, *Los derechos del hombre*, Alianza Editorial, Madrid 1986.

Norberto BILBENY, *El idiota moral: la banalidad del mal en el siglo XX*, Anagrama, Barcelona 1993.

José Antonio BINABURU y Xabier ETXEBERRIA (eds.), *Pensando en la violencia: desde W. Benjamin, H. Arendt, R. Girard y P. Ricoeur*, Bakeaz/Los libros de la Catarata, Madrid 1994.

Ernst BLOCH, *Derecho natural y dignidad humana*, Aguilar, Madrid 1980.

Norberto BOBBIO, *El problema de la guerra y las vías de la paz*, Gedisa, Barcelona 1982.

Norberto BOBBIO, *El tiempo de los derechos*, Sistema, Madrid 1991.

Thomas BUERGENTHAL, Claudio GROSSMAN y Pedro NIKKEN, *Manual internacional de derechos humanos*, Instituto Interamericano de Derechos Humanos y Editorial Jurídica Venezolana, San José y Caracas 1990.

Elías CANETTI, *Masa y poder*, Muchnik Editores, Barcelona 1994.

Juan Antonio CARRILLO SALCEDO, *Soberanía de los Estados y derechos humanos en derecho internacional contemporáneo*, Tecnos, Madrid 1995.

Antonio CASSESE, *Los derechos humanos en el mundo contemporáneo*, Ariel, Barcelona 1993.

Jacques DERRIDA, *Cosmopolitas de todos los países, ¡un esfuerzo más!*, Ediciones Cuatro, Valladolid 1996.

Ingrid DETTER DE LUPIS, *The law of war*, Cambridge University Press, Cambridge 1987.

Hans Magnus ENZENSBERGER, *Perspectivas de guerra civil*, Anagrama, Barcelona 1994.

Antonio FERNÁNDEZ GARCÍA y José Luis RODRÍGUEZ JIMÉNEZ, *El juicio de Núremberg, cincuenta años después*, Arco Libros, Madrid 1996.

Alain FINKIELKRAUT, *La memoria vana: del crimen contra la humanidad*, Anagrama, Barcelona 1990.

Daniel Jonah GOLDHAGEN, *Hitler's willing executioners: Ordinary Germans and the Holocaust*, Little Brown, Londres 1996.

Immanuel KANT, *Sobre la paz perpetua*, Tecnos, Madrid 1994.

John KEEGAN, *Historia de la guerra*, Planeta, Barcelona 1995.

Julia KRISTEVA, *Extranjeros para nosotros mismos*, Plaza y Janés, Barcelona 1991.

Celso LAFER, *La reconstrucción de los derechos humanos: un diálogo con el pensamiento de Hannah Arendt*, Fondo de Cultura Económica, México 1994.

Primo LEVI, *Los hundidos y los salvados*, Muchnik Editores, Barcelona 1995.

Francis LIEBER, *Escritos sobre el derecho de la guerra*, Defensoría del Pueblo, Bogotá 1995.

Araceli MANGAS MARTÍN, *Conflictos armados internos y derecho internacional humanitario*, Universidad de Salamanca, Salamanca 1992.

Hernán MONTEALEGRE, *La seguridad del Estado y los derechos humanos*, Academia de Humanismo Cristiano, Santiago de Chile 1979.

Consuelo RAMÓN CHORNET, *¿Violencia necesaria? La intervención humanitaria en derecho internacional*, Trotta, Madrid 1995.

Antonio REMIRO BROTONS, *Civilizados, bárbaros y salvajes en el nuevo orden internacional*, Mac Graw Hill, Madrid 1996.

Leo STRAUSS, *Persecución y arte de escribir y otros ensayos de filosofía política*, Edicions Alfons el Magnánim, Valencia 1996.

Yves TERNON, *El Estado criminal: los genocidios en el siglo XX*, Ediciones Península, Barcelona 1995.

Antonio TRUYOL Y SERRA, *Los derechos humanos*, Tecnos, Madrid 1994.

Hernando VALENCIA VILLA, *La justicia de las armas: una crítica normativa de la guerra metodológica en Colombia*, Tercer Mundo Editores/Universidad Nacional, Bogotá 1993.

Martin VAN CREVELD, *The transformation of war*, The Free Press, Nueva York 1991.

VARIOS, *Los derechos humanos en el sistema interamericano*, CEJIL, San José de Costa Rica 1996.

Simone WEIL, *Echar raíces*, Trotta, Madrid 1996.